Refugee Talents: Betriebliche Integration von Geflüchteten

AF144313

Judith Kohlenberger

Refugee Talents: Betriebliche Integration von Geflüchteten

Judith Kohlenberger
Forschungsinstitut für Migrations- und
Fluchtforschung und -management
(FORM)
Wirtschaftsuniversität Wien
Wien, Österreich

ISBN 978-3-658-49870-2   ISBN 978-3-658-49871-9 (eBook)
https://doi.org/10.1007/978-3-658-49871-9

Die Deutsche Nationalbibliothek verzeichnet diese Publikation in der Deutschen Nationalbibliografie;
detaillierte bibliografische Daten sind im Internet über https://portal.dnb.de abrufbar.

© Der/die Herausgeber bzw. der/die Autor(en), exklusiv lizenziert an Springer Fachmedien Wiesbaden
GmbH, ein Teil von Springer Nature 2026

Das Werk einschließlich aller seiner Teile ist urheberrechtlich geschützt. Jede Verwertung, die nicht ausdrücklich vom Urheberrechtsgesetz zugelassen ist, bedarf der vorherigen Zustimmung des Verlags. Das
gilt insbesondere für Vervielfältigungen, Bearbeitungen, Übersetzungen, Mikroverfilmungen und die Ein-
speicherung und Verarbeitung in elektronischen Systemen.
Die Wiedergabe von allgemein beschreibenden Bezeichnungen, Marken, Unternehmensnamen etc. in
diesem Werk bedeutet nicht, dass diese frei durch jede Person benutzt werden dürfen. Die Berechtigung
zur Benutzung unterliegt, auch ohne gesonderten Hinweis hierzu, den Regeln des Markenrechts. Die
Rechte des/der jeweiligen Zeicheninhaber*in sind zu beachten.
Der Verlag, die Autor*innen und die Herausgeber*innen gehen davon aus, dass die Angaben und Informationen in diesem Werk zum Zeitpunkt der Veröffentlichung vollständig und korrekt sind. Weder
der Verlag noch die Autor*innen oder die Herausgeber*innen übernehmen, ausdrücklich oder implizit,
Gewähr für den Inhalt des Werkes, etwaige Fehler oder Äußerungen. Der Verlag bleibt im Hinblick auf
geografische Zuordnungen und Gebietsbezeichnungen in veröffentlichten Karten und Institutionsadres-
sen neutral.

Planung/Lektorat: Vera Treitschke
Springer Gabler ist ein Imprint der eingetragenen Gesellschaft Springer Fachmedien Wiesbaden GmbH
und ist ein Teil von Springer Nature.
Die Anschrift der Gesellschaft ist: Abraham-Lincoln-Str. 46, 65189 Wiesbaden, Germany

Wenn Sie dieses Produkt entsorgen, geben Sie das Papier bitte zum Recycling.

Geleitwort von Johannes Kopf

Anfang 2016 begleitete mich die „Zeit im Bild" zu einem Besuch in der Lehrlingsausbildung von REWE. Der Konzern gehörte damals zu den ersten großen Unternehmen in Österreich, die sich bewusst und strukturiert mit der Integration von geflüchteten Menschen in betriebliche Ausbildung und Beschäftigung auseinandersetzten. Für die Öffentlichkeit war das hochinteressant – für die Betriebe selbst aber meist noch völliges Neuland.

Wie würden sich kulturelle Unterschiede im Alltag auswirken? Welche Reaktionen sind im eigenen Team zu erwarten? Welche Rolle spielen Religion und unterschiedliche Wertvorstellungen? Und vielleicht die größte Frage: Gelingt es den neuen Mitarbeiter:innen in vertretbarer Zeit die Sprache zu erlernen, sich anzupassen, Freundschaften zu knüpfen?

Es war eine Zeit voller offener Fragen – und entsprechend großer Unsicherheit in der österreichischen Wirtschaft. Auch das Arbeitsmarktservice selbst musste erst Erfahrungen sammeln: Welche Unterstützung braucht es, welche Förderungen funktionieren? Welche Strukturen braucht es, damit eine Beschäftigung nicht nur beginnt, sondern auch langfristig hält? Die Integration von Geflüchteten war kein Routinefall, sondern ein gemeinsamer Lernprozess für Unternehmen, Institutionen und die Gesellschaft insgesamt. Heute arbeiten mehr als 60.000 geflüchtete Menschen in österreichischen Unternehmen. Heute kommt kein „Zeit im

Bild"-Redakteur mehr, weil ein Betrieb einen jungen Menschen aus Afghanistan oder Syrien ausbildet.

Eine, die diesen Prozess von Anfang an wissenschaftlich begleitet hat, ist Judith Kohlenberger. In den vergangenen zehn Jahren hat sie ein beeindruckendes Wissen aufgebaut, das sowohl akademisch fundiert als auch praxisnah ist. Ich schätze sie als eine der profiliertesten Expertinnen auf diesem Gebiet. Ihre Studien haben das AMS, aber auch manchen politischen Entscheidungsträger in wichtigen Fragen beraten und sie hat wesentlich dazu beigetragen, dass Integration nicht nur als politische Floskel, sondern als konkrete, überprüfbare Realität verstanden wird. Sie trägt damit wesentlich zu einer Versachlichung der Diskussion bei. Und das ist gerade bei diesem Thema nicht nur überaus wichtig, sondern oft auch ein harter Kampf.

Das vorliegende Buch fasst die Geschichte und die wichtigsten Forschungserkenntnisse der letzten Jahre zusammen – und das in einer Sprache, die nicht nur Fachleute, sondern auch Praktiker:innen erreicht. Besonders spannend sind die zahlreichen Interviews: mit Unternehmen, die schildern, was funktioniert hat und welche Hürden es gab – und mit Geflüchteten, die erzählen, was ihnen geholfen hat Fuß zu fassen. Es wird deutlich: Viel ist gelungen. Aber die Aufgabe ist noch lange nicht abgeschlossen. Denn Jahr für Jahr kommen weiterhin tausende Menschen neu auf den österreichischen Arbeitsmarkt, die Chancen suchen – und verdienen.

Refugee Talents ist damit mehr als ein Buch. Es ist eine Anleitung für Betriebe, die – sei es aus sozialem Engagement oder aus Arbeitskräftebedarf – Geflüchtete beschäftigen wollen. Es bietet Orientierung, es schafft Vertrauen, und es zeigt Wege, wie Integration gelingt: nicht automatisch, nicht immer reibungslos, aber mit Gewinn für beide Seiten.

Johannes Kopf, Vorstandsvorsitzender des Arbeitsmarktservice (AMS) Österreich
Wien, im September 2025

Geleitwort von Ali Mahlodji

Als ich zwei Jahre alt war, floh meine Familie aus dem Iran nach Österreich. Wir kamen mit nichts als Hoffnung und der Sehnsucht nach einem Leben in Sicherheit. Ich erinnere mich nicht an alle Details, aber ich erinnere mich an das Gefühl: fremd zu sein, nicht zu wissen, wie es weitergeht – und dennoch zu spüren, dass es irgendwo eine Chance geben muss. Heute weiß ich: Diese Erfahrung prägt nicht nur die Menschen, die auf der Flucht sind. Sie prägt auch die Gesellschaften, die die Verantwortung haben, diese Menschen aufzunehmen.

Wenn wir über die Integration von Geflüchteten sprechen, dann reden wir nicht über ein „Problem", das es zu lösen gilt, sondern über eine Chance – für uns alle. In einer Zeit, in der Unternehmen händeringend nach Fachkräften suchen und gleichzeitig unsere Gesellschaft altert, liegt in den Talenten von Geflüchteten eine oft unterschätzte Ressource. Menschen, die ihre Heimat hinter sich lassen mussten, bringen nicht nur Mehrsprachigkeit, interkulturelle Kompetenz und Resilienz mit, sondern auch den tiefen Wunsch, sich einzubringen, dazuzugehören und Zukunft zu gestalten.

Doch Integration passiert nicht von selbst. Sie braucht Strukturen, Mut und Offenheit – und sie beginnt immer mit dem ersten Schritt: jemanden nicht nur als Geflüchteten zu sehen, sondern als Menschen mit Potenzial. Ich habe es selbst erlebt: Als „Flüchtlingskind" wurde ich lange Zeit vor allem über Defizite definiert. Doch ich durfte auch eine Welt erleben, in der jeder Mensch seine Stärken entfalten kann. Diese Reise vom Geflüchteten zur Führungskraft, zum Lehrer, zum Unternehmer war nur möglich, weil es Menschen gab, die an mich geglaubt und mir Chancen gegeben haben.

Judith Kohlenberger zeigt mit diesem Buch eindrucksvoll, wie Integration in der Arbeitswelt konkret gelingen kann. Sie verbindet wissenschaftliche Erkenntnisse mit praktischen Werkzeugen für Unternehmen und gibt jenen eine Stimme, die zu selten gehört werden: Geflüchteten selbst und jenen, die sie beschäftigen. Das macht dieses Werk so wertvoll – weil es nicht nur über Menschen spricht, sondern mit ihnen.

Für mich steckt darin eine Botschaft, die weit über Personalfragen hinausgeht: Wir müssen aufhören, Integration als einseitige Bringschuld zu sehen. Sie ist ein gegenseitiger Prozess. Wenn wir Geflüchteten Türen öffnen, öffnen wir gleichzeitig Türen für uns selbst – hin zu Innovation, Vielfalt und Menschlichkeit.

Die Arbeitswelt von morgen braucht keine perfekten Lebensläufe, sondern Menschen, die gelernt haben, mit Unsicherheit umzugehen, die Neues wagen, die Brücken bauen können. Genau diese Fähigkeiten bringen viele Geflüchtete mit. Wenn wir es schaffen, diese Talente zu sehen und zu fördern, dann geht es nicht nur um Integration in den Arbeitsmarkt. Es geht darum, die Gesellschaft resilienter, kreativer und menschlicher zu machen.

Dieses Buch ist ein Wegweiser dafür, denn wir stehen vor einer simplen Frage: Können wir es uns leisten, Talente links liegen zu lassen, nur weil sie nicht ins „Standardprofil" passen? Die Antwort ist klar. Wenn wir Geflüchteten Chancen geben, dann gewinnen nicht nur sie. Dann gewinnen wir alle.

Ali Mahlodji, Autor, Unternehmer und Keynotespeaker
Wien, im September 2025

Danksagung Mein herzlicher Dank gilt all jenen, die dieses Buch möglich gemacht haben. Das ist zuallererst mein Mitarbeiter Patrick Laimer, der mich bei der Transkription und Verschriftlichung der Interviews mit Unternehmensvertreter:innen und geflüchteten Arbeitnehmer:innen in Kap. 11 maßgeblich unterstützt hat. Ohne seine akribische und umsichtige Arbeit wäre das Buch nicht das geworden, was es ist.

Marie Jäger danke ich herzlich für ihre Unterstützung mit Referenzen und Formatierung, was mich maßgeblich für die inhaltliche Arbeit am Buch freigespielt hat. Mein Dank geht ebenso an Doris Landauer und Renate Steger fürs Lesen, Redigieren und Lektorieren einer ersten Fassung des Manuskripts. Alle Fehler, die es dennoch ins Buch geschafft haben, sind und bleiben natürlich meine eigenen.

Die Idee für dieses Buch basiert auf einem Unternehmensleitfaden namens „Refugee Talents", den ich gemeinsam mit Milda Zilinskaite und Theresa Riosa von der Wirtschaftsuniversität Wien in Kooperation mit der Wirtschaftskammer Österreich und der Industriellenvereinigung verfassen durfte. Ich danke beiden für die ermutigende, inspirierende und immer wertschätzende Zusammenarbeit, für viele wertvolle Ideen und Anregungen und für ihre sofortige Zustimmung zu diesem Buchprojekt. Oksana Denys danke ich für die Zusammenarbeit im Rahmen eines Policy Briefs zur Integration ukrainischer Vertriebener, dessen zentrale Ableitungen sich im Buch wiederfinden. Ebenso gilt mein Dank dem Jacques Delors Centre an der Hertie School in Berlin, besonders Johannes Lindner und Thu Nguyen. Dort veröffentlichte Analysen und Policy Briefs stellen wesentliche Vorarbeiten zum Buch dar. Von der fachlichen Unterstützung, der kritischen Perspektive und dem Raum für intellektuellen Austausch, den ich dort genießen durfte, profitiere ich weit über dieses Buch hinaus.

Abschließend geht mein aufrichtiger Dank an alle Unternehmensvertreter:innen und Mitarbeiter:innen mit Fluchthintergrund für Ihre Zeit, Ihre Offenheit und das Vertrauen, Ihre beruflichen und persönlichen Integrationserfahrungen in diesem Buch zu teilen.

Die Arbeit an diesem Buch wurde ermöglicht durch eine Projektförderung der Stadt Wien Kultur.

Inhaltsverzeichnis

Über die Autorin

Judith Kohlenberger PD Dr. Judith Kohlenberger ist Soziologin und Kulturwissenschaftlerin. Sie leitet das Forschungsinstitut für Migrations- und Fluchtforschung und -management (FORM) an der WU Wien, ist Senior Researcher am Österreichischen Institut für Internationale Politik (oiip), Affiliate Policy Fellow am Jacques Delors Centre Berlin und assoziierte Wissenschaftlerin am Einstein Center Digital Future (ECDF). In ihrer Forschung befasst sie sich mit Flucht, Vertreibung und Grenzen sowie der Integration von Geflüchteten in europäischen Aufnahmeländern. Sie ist Mitglied des Integrationsrats der Stadt Wien, Mitherausgeberin der *Zeitschrift für Flucht- und Flüchtlingsforschung* und Host des Podcasts *Aufnahmebereit*. Ihre Arbeit wurde mit dem Kurt-Rothschild-Preis und dem Anas-Schakfeh-Preis für Verdienste im Bereich der Menschenrechte, der

Demokratie und der Förderung der Rechtsstaatlichkeit ausgezeichnet. Ihr Buch *Das Fluchtparadox* (2022) war österreichisches Wissenschaftsbuch des Jahres 2023 und für den Deutschen Sachbuchpreis nominiert. Weitere von Judith Kohlenberger erschienene Sachbücher: *Wir* (2021), *So schaffen wir das* (2023, mit Othmar Karas), *Gegen die neue Härte* (2024), *Grenzen der Gewalt* (2024), *Migrationspanik* (2025), *Demokratie sucht Zukunft* (2025, mit Kurt Guwak und Laurenz Ennser-Jedenastik).

1

Einleitung

Nicht erst seit dem russischen Angriffskrieg in der Ukraine ist bekannt: Flucht und Vertreibung sind zentrale Menschenrechtsthemen, bestimmen unseren sozialen Zusammenhalt und unsere demokratische Verfasstheit, haben Auswirkungen auf nationale und europaweite Wahlen und inspirieren hitzig geführte politmediale Debatten. Allein in den letzten zehn Jahren, seit dem Rekordjahr 2015, hat die Ankunft hunderttausender geflüchteter Menschen unseren Kontinent maßgeblich mitgestaltet, seine demografische Entwicklung verändert und seine Positionierung in der Außen- und Sicherheitspolitik mitbestimmt. Weniger präsent im öffentlichen Diskurs, der sich seitdem zunehmend zum Negativen gewendet hat, ist jedoch der Umstand, dass geflüchtete und vertriebene Menschen mittlerweile relevante Faktoren für den europäischen und insbesondere den österreichischen Arbeitsmarkt darstellen, sich maßgeblich auf Beschäftigungszahlen, Arbeitskräftebedarf und Produktivität auswirken.

Das ist insofern nicht überraschend, als Flucht ein wachsendes globales Phänomen ist, von dem immer mehr Menschen weltweit betroffen sind. Laut dem UN-Flüchtlingshilfswerk (UNHCR) waren bis Ende 2024 rund 123 Mio. Menschen gewaltsam vertrieben (UNHCR, 2025a). Mehr als die Hälfte davon waren Binnenvertriebene, d. h. innerhalb der Grenzen ihres Landes Flüchtende, der Rest umfasst Asylwerbende (in

© Der/die Autor(en), exklusiv lizenziert an Springer Fachmedien Wiesbaden GmbH, ein Teil von Springer Nature 2026
J. Kohlenberger, *Refugee Talents: Betriebliche Integration von Geflüchteten*, https://doi.org/10.1007/978-3-658-49871-9_1

Deutschland: Asylbewerber:innen), Staatenlose und andere ins Ausland Vertriebene. Die Zahl der Flüchtlinge selbst wird auf 42,7 Mio. geschätzt (UNHCR, 2025b). Das bedeutet, dass 1 von 67 Personen weltweit fliehen musste – Tendenz steigend.

Mythen oder Fakten? Häufige Annahmen über Flucht und Asyl

1. *Die Zahl der Flüchtlinge nimmt weltweit dramatisch zu*: Nicht so eindeutig. Studien zeigen, dass der prozentuale Anteil der Flüchtlinge an der Weltbevölkerung je nach Ausbruch und Ende von Gewaltkonflikten in verschiedenen Teilen der Welt variiert und mal höher, mal niedriger ist. Von einem „dramatischen Anstieg", relativ zur globalen Bevölkerung, zu sprechen, ist also nicht richtig.
2. *Die meisten Flüchtlinge fliehen aus ihren Heimatländern*: Falsch. Die Zahl der Flüchtlinge, die international über Ländergrenzen hinweg fliehen müssen, ist viel geringer (derzeit etwa die Hälfte) als die Zahl der Binnenvertriebenen, die sich innerhalb ihrer Länder bewegen (UNHCR, 2025b).
3. *Die Mehrheit der Flüchtlinge kommt nach Europa und damit nach Österreich*: Falsch. Im Vergleich zu anderen Teilen der Welt nimmt Westeuropa nur einen sehr geringen Prozentsatz der weltweiten Flüchtlinge auf. Etwa 70 % der Flüchtlinge werden in Nachbarländern untergebracht, z. B. in der Türkei und im Libanon für syrische Flüchtlinge oder in Uganda für Flüchtlinge aus dem Südsudan und der Demokratischen Republik Kongo. Dies gilt auch für die Ukraine: Die meisten der ukrainischen Flüchtlinge im Jahr 2022 fanden in den Nachbarländern Polen, Ungarn, Slowakei, Rumänien und Moldawien Zuflucht.
4. *Gewaltsame Konflikte und politische Unterdrückung sind die häufigsten Migrationsursachen*: Falsch. Der Hauptgrund für die internationale Migration ist der weltweite Arbeitskräftemangel.

Dieses Buch richtet sich an Unternehmen, die Geflüchtete einstellen wollen – oder es aufgrund des rasch voranschreitenden demografischen Wandels und der Tatsache, dass immer weniger heimische Kräfte im erwerbsfähigen Alter verfügbar sind, einfach müssen. Die Beschäftigung von Geflüchteten bringt Vorteile – nämlich betriebliche Innovation, unternehmerisches Wachstum, loyale Mitarbeiter:innen sowie positive Auswirkungen auf Steuereinnahmen eines Landes und auf die gesamte Volkswirtschaft. Dennoch können Rekrutierung und Einstellung des ersten geflüchteten Mitarbeiters im Betrieb eine große Hemmschwelle darstellen, vor allem für kleinere und mittelständische Unternehmen, denen

Diversitymanagement, umfassende HR-Ressourcen und ein ausgetüftelter, mehrstufiger Onboarding-Prozess fehlen. Diesen Unternehmen will das vorliegende Buch einen Einblick in die wichtigsten Tools und Methoden, die sie selbst und ohne großen Aufwand anwenden können, geben und gleichzeitig Mut zum ersten Schritt machen. Die Erfahrungsberichte von Personalverantwortlichen und Führungskräften im dritten und letzten Teil des Buchs zeigen, dass es sich lohnt.

Gleichzeitig richtet sich das Buch auch an generell interessierte Leser:innen und an Studierende der Sozial- und Wirtschaftswissenschaften, die mehr über die strukturelle und soziale Integration von Geflüchteten erfahren wollen. Sie tauchen ein in den historischen Überblick zur Flüchtlingsankunft und -aufnahme in Österreich und in Europa, werden mit grundlegenden rechtlichen Begriffen und Elementen des Asylverfahrens vertraut gemacht und lernen die Herausforderungen der Anerkennung ausländischer Abschlüsse kennen. Das Buch bietet somit wertvolles Rüstzeug für die eine oder andere Diskussion im privaten Umfeld, aber auch, um die oft von Mythen und Halbwahrheiten dominierte öffentliche Debatte zu Flucht und Geflüchteten kritisch einordnen zu können. Medienkompetenz zu Migrations- und Integrationsfragen bedeutet vor allem, auf fundiertes Wissen über Dynamiken, Strategien und Grundlagen zurückgreifen zu können. Das soll das vorliegende Nachschlagewerk leisten.

Gegliedert ist dieses Buch in drei Teile. Der erste, theoriegeleitete Teil gibt einen Überblick zur Arbeitsmarktintegration geflüchteter Menschen in Österreich und Europa und richtet dabei das Spotlight auf für den Arbeitsmarkt besonders relevante Gruppen, wie beispielsweise Frauen oder vertriebene Ukrainer:innen. Relevante Integrationsmodelle werden vorgestellt und unterschiedliche Ansätze der Arbeitsmarktintegration diskutiert. Der zweite, praxisbezogene Teil bringt Argumente für die Beschäftigung von Geflüchteten und gibt praktische Tipps für deren Rekrutierung, Onboarding und betriebliche Integration, basierend auf internationalen wissenschaftlichen Studien. Im dritten und letzten Teil kommen die Praktiker:innen selbst zu Wort: Einerseits Unternehmensvertreter:innen, von HR-Verantwortlichen zu CEOs, die ihre Erfahrungen in der Einstellung von und Zusammenarbeit mit geflüchteten Mitarbeiter:innen teilen und Leser:innen an ihren Dos und Don'ts teilhaben lassen. Andererseits werden Menschen mit Fluchthintergrund aus unterschiedlichen

Herkunftsländern vorgestellt, die von Herausforderungen und Erfolgs-momenten auf ihrem Weg zum Arbeitsplatz in Österreich berichten. Die Bandbreite reicht vom Schaffner über die Logistikmitarbeiterin bis hin zum Bankberater. Ihnen allen ist gemein: Gelungen ist ihr Weg dank Fleiß, persönlichem Engagement und Unterstützung durch Kolleg:innen, Chef:innen und Mentor:innen, die ihnen das gaben, was sie anfangs am meisten brauchten: eine echte Chance.

Literatur

UNHCR (2025a). *Global Trends*. https://www.unhcr.org/global-trends. Zuge-griffen: 8. Aug. 2025.

UNHCR (2025b). *Figures at Glance*. https://www.unhcr.org/about-unhcr/overview/figures-glance. Zugegriffen: 8. Aug. 2025.

2

Arbeitskräftemangel und demografischer Wandel: Österreich und die Welt

Seit Jahren besteht ein ernstzunehmender und stetig wachsender Mangel an Personal unterschiedlichster Qualifikationsstufen und Branchen, der durch die Coronavirus-Pandemie, den Krieg in der Ukraine und weiterhin rückläufige Geburtenraten in Industrienationen noch verschärft wurde. Als „Arbeitskräftemangel" bezeichnet man das Fehlen von Arbeitskräften aller Art, einschließlich Personen ohne abgeschlossene oder passende berufliche Bildung. „Fachkräftemangel" dagegen bezieht sich auf das Fehlen von Arbeitskräften mit Qualifikation(en), also Personen, die über einen erfolgreichen Abschluss verfügen (Bosch, 2011). In der Praxis jedoch sind die Grenzen zwischen (hoch) qualifiziert und nicht qualifiziert fließend (siehe unten), bzw. ist der Bedarf nach nicht-akademisch gebildeten Kräften deutlich höher. Österreichs Unternehmenslandschaft sucht dringend nach Arbeitskräften auch und gerade im niedrig-qualifizierten Bereich. Besonders betroffen sind Gastronomie, Beherbergung und Tourismus, Kranken- und Altenpflege, sowie zahlreiche Handwerkstätigkeiten, darunter Schwarzdecker:innen (Bauwerksabdichter:innen), Landmaschinenbauer:innen, Techniker:innen für Starkstromtechnik, Pflasterer:innen und Betonbauer:innen (siehe die regelmäßig aktualisierte bundesweite Mangelberufsliste [Migration, 2025]).

© Der/die Autor(en), exklusiv lizenziert an Springer Fachmedien Wiesbaden GmbH, ein Teil von Springer Nature 2026
J. Kohlenberger, *Refugee Talents: Betriebliche Integration von Geflüchteten*, https://doi.org/10.1007/978-3-658-49871-9_2

Nicht zuletzt aufgrund des demografischen Wandels wird sich dieser Engpass noch verstärken: Der Anteil an älteren Menschen in Österreich, wie auch im restlichen Westeuropa, nimmt zu, während der Anteil an Menschen im erwerbsfähigen Alter kontinuierlich abnimmt. Fände – in einem hypothetischen Szenario – keine Migration nach Österreich mehr statt, so beliefe sich im Jahr 2050 die österreichische Wohnbevölkerung auf acht Millionen Menschen, davon ein steigender Anteil älter als 65 Jahre (Buber-Ennser et al., 2021). Migration und Integration, Anwerbung von ausländischen Fachkräften, aber auch Erhöhung der Erwerbsquote von Menschen mit Flucht- und Migrationsbiografie gewinnen daher zunehmend an Bedeutung.

Dennoch scheint die österreichische wie auch die europäische Migrationspolitik in einem Migrationsdilemma gefangen zu sein: Restriktives Vorgehen gegen „unerwünschte" Migration in Form einer rigiden Abschottungs- und Abschreckungsrhetorik trifft auf zunehmende Anstrengungen zur Attrahierung „erwünschter" Migrant:innen durch Anwerbeabkommen, Partnerschaften mit Drittstaaten und Reformen der Rot-Weiß-Rot-Karte (Kohlenberger, 2024a).

Letzteres ist nur folgerichtig, benennt ein aktueller Bericht des Wirtschaftsministeriums doch einen geschätzten Fach- und Arbeitskräftemangel von 210.000 Personen (Dornmayr & Löffler, 2024, S. 249). Vor allem in der Pflege, der Gastronomie und im Tourismus, aber auch in zahlreichen technischen und manuellen Berufen ist der Mangel ausgeprägt. Bis 2030 könnte er Prognosen zufolge auf 540.000 Arbeitskräfte anwachsen. Und damit ist die Alpenrepublik kein Einzelfall, sondern spiegelt die größere europäische Entwicklung wider: Das Arbeitskräftepotenzial Europas ist seit Jahren am Schrumpfen, aufgrund einer alternden Bevölkerung, niedrigen Geburtenraten, aber auch wegen der veränderten Präferenzen der Arbeitnehmer:innen. In mehr als 80 % der ISCO-Berufe besteht in einem oder mehreren EU-Ländern ein Arbeitskräftemangel; 2023 meldeten elf Mitgliedstaaten einen „weit verbreiteten Mangel" in 38 Berufen (European Labour Authority, 2024). Und dies betrifft vor allem niedrig und mittel qualifizierte Berufe, wie der ehemalige EU-Kommissar für den europäischen Lebensstil, Margaritis Schinas, in einem Gastkommentar festhielt: „In Wahrheit braucht Europa zurzeit eher LKW-Fahrer:innen als Raketenwissenschaftler:innen" (Schinas, 2023). Tatsächlich hat sich die Zahl der unbesetzten Stellen in den letzten zehn Jahren EU-weit verdoppelt. Gleichzeitig verliert Europa als Standort an Attraktivität unter den sogenannten *„global talents"*. Im letzten Ranking der *Talent Attractiveness Indicators* der OECD schaffte es nur mehr ein einziges EU-Land unter die Top 5: Schweden (OECD, 2023).

Das ist auch darauf zurückzuführen, dass der Wettbewerb zwischen Zielländern bereits jetzt zugenommen hat. Fast alle OECD-Länder haben eine selektive Einwanderungspolitik entwickelt, die speziell darauf abzielt, qualifizierte Migrant:innen zu attrahieren oder zu halten. Dadurch entsteht ein systematischer Wettbewerb zwischen Destinationen und Einwanderungsregimen, der sich in Zukunft wahrscheinlich noch verschärfen wird (Czaika, 2018). Will Österreich als Land bzw. Europa als Region wettbewerbsfähig bleiben, muss es nicht nur seine Anstrengungen in diesem Bereich vergrößern, sondern auch neue Talente-Pools erschließen. Ein solcher Talente-Pool sind Asylberechtigte und subsidiär Schutzberechtigte, die sich bereits auf dem Territorium befinden und über einen rechtsgültigen Aufenthalt mit Arbeitsmarktzugang verfügen.

Der steigende Bedarf an Fach- und Arbeitskräften aus dem Ausland ist aber nur eine Seite der Migrationsrealität Europas. Demgegenüber steht eine europäische Migrationspolitik in der Dauerkrise, die vor allem an den Außengrenzen regelmäßig ihr hässliches Gesicht zeigt, um „demotivierend" gegenüber jenen Migrant:innen zu wirken, die als unerwünscht gelten. Das sind vorrangig Flüchtlinge und Schutzsuchende, die über das Mittelmeer oder die Balkanroute in die EU gelangen und auf dem Weg dorthin auf brutale Grenzpolizei und ihre Hunde, unter Strom stehende Grenzzäune, Sklaverei, Zwangsprostitution, Ausbeutung und eine Politik des Sterbenlassens treffen. Jedes Jahr fordert die europäische Abschreckungspolitik zehntausende Tote, von denen viele gar nie aufgefunden oder identifiziert werden können (Kohlenberger, 2024b). Das bleibt nicht ohne Folgen für die Gesellschaft im Inneren, wo eine kollabierte Migrationsdebatte den Diskursraum, aber auch den Pool an Handlungsoptionen verengt hat (Heins & Wolff, 2023). Die Migrationspolitik und insbesondere die Asylpolitik sollen nun samt und sonders all jene strukturellen Problemlagen lösen, die eigentlich in der Sozial-, Wohnungs-, Bildungs-, und Gesundheitspolitik liegen. Dass diese „Migrantisierung" von gesellschaftlichen Themen nicht zum gewünschten Erfolg führt, weil durch die

Subtraktion einiger dutzend Flüchtlingskinder aus Wiens Schulen kaum deren systemische Mängel bereinigt werden, ist evident. Genauso wie die Tatsache, dass die Übernahme rechter bis rechtsextremer Konzepte und Begrifflichkeiten durch Mitteparteien deren Positionen erst recht normalisiert und die politische Mitte verschoben hat.

All das hat wirtschaftliche Folgen. Studien zeigen, dass eine flüchtlingsfeindliche Rhetorik und Politik auch „erwünschte" Migrationswillige, also qualifizierte Expats, trifft, die mitunter sogar empfindlicher darauf reagieren als Geflüchtete – denn sie haben Ausweichmöglichkeiten (Krieger, 2024; Pan, 2023; Duch et al., 2019). Auch unter bereits ansässigen Migrant:innen kann eine „Politik mit der Angst" (Wodak, 2015) zu sozialem Rückzug, geringerer Produktivität am Arbeitsplatz und eingeschränkter Kreativität führen, also zu weniger sozialer und wirtschaftlicher Innovation und damit geringerer Wirtschaftsleistung (Demertzis, 2013). Rechtsgerichtete Einstellungen in einer Region reduzieren nachweislich die qualifizierte Zuwanderung und führen dazu, dass dort arbeitende Migrant:innen diese Region eher wieder verlassen (Buch & Rossen, 2024). Nach den Wahlgewinnen der AfD berichteten 18,9 % der Migrant:innen in Deutschland, die aus der MENA-Region stammten, von konkreten Abwanderungsplänen (Zajak et al., 2024). Insofern sollte es Politik und Unternehmen zu denken geben, dass Österreich im Expat Insider 2024 im Bereich „Integration und Einleben" nur auf Platz 49 von insgesamt 53 rangiert: Expats stufen Willkommenskultur, Freundlichkeit und soziale Anschlussmöglichkeiten hierzulande als sehr gering ein (Inter Nations, 2024).

Ausgrenzung, Hetze und rassistische Politik schaden also dem Wirtschaftsstandort. Was es anstelle des Dilemmas zwischen Anwerben und Abschotten braucht, ist eine Migrationspolitik, die Chancen fördert und Potenziale hebt (Kohlenberger, 2024a). Um nur drei dringende Maßnahmen zu nennen: Der österreichische Wirtschaftsstandort würde profitieren von (a) der Diversifizierung und Öffnung regulärer Wege für Migrationswillige, (b) der Ausweitung von Integrationsprogrammen und des kompetenzbasierten Job-Matchings, um Fertigkeiten und Fähigkeiten auch fernab formaler Qualifikationen zu erfassen und (c) einer Harmonisierung und Entbürokratisierung in der Anerkennung von im Ausland erworbenen Abschlüssen (Kap. 5). Das gelingt nur, wenn sich auch Unternehmen offen für ausländische Talente zeigen, die vielleicht noch nicht als fixfertige Arbeitskräfte mit perfekten Deutschkenntnissen ankommen, aber lernwillig sind. Das schließt auch und im Besonderen geflüchtete Menschen mit ein. Für sie wird *training on the job*, betriebsinterne Integration und Weiterqualifikation, betriebliche Sozialarbeit und Unterstützung bei arbeitsfernen Themen wie Wohnen, Bildung und Gesundheit sowie Mentoring-Arbeit an Bedeutung gewinnen. Das bedeutet anfangs mehr Investition, die sich aber auszahlt: Studien zeigen, dass sich Mitarbeiter:innen mit Fluchthintergrund durch hohe Betriebstreue und ausgeprägte Stressresistenz auszeichnen und dabei helfen können, neue Märkte zu erschließen (Lee et al., 2020), wie im Folgenden noch ausgeführt wird. Denn gelungene Integration bedeutet einen Gewinn für beide Seiten.

Literatur

Bosch, G. (2011). Fachkräftemangel: Scheinproblem oder Wachstumshemmnis? *Wirtschaftsdienst, 91*(9), 583–593. https://doi.org/10.1007/s10273-011-1268-9.

Buber-Ennser, I., Bergmann, C., Fent, T., Gisser, R., Riederer, B., Sobotka, T., & Zeman, K. (2021). *Demografische Entwicklung und derzeitiger Stand in Familienformen*. 6. Österreichischer Familienbericht 2009–2019. Neue Perspektiven – Familien als Fundament für ein lebenswertes Österreich. (S. 65–143). Bundeskanzleramt/Frauen, Familie, Jugend und Integration (BKA/FFJI). https://www.bundeskanzleramt.gv.at/dam/jcr:58fda529-ff87-4704-98af-4b6d7eaa9161/6-Familienbericht-2009-2019_Kurzfassung_BF.pdf. Zugegriffen: 18. August 2025

Buch, T., & Rossen, A. (2024). Who wants to live among racists? The impact of local right-wing attitudes on interregional labour migration in Germany. *Journal of Ethnic and Migration Studies, 51*(7), 1623–1646. https://doi.org/10.1080/1369183X.2024.2443473.

Czaika, M. (2018). Introduction and synopsis. In M. Czaika (Hrsg.), *Highskilled migration: drivers and policies* (S. 1–19). Oxford University Press. https://doi.org/10.1093/oso/9780198815273.001.0001.

Demertzis, N. (Hrsg.). (2013). *Emotions in politics: the affect dimension in political tension*. Palgrave Macmillan UK. https://doi.org/10.1057/9781137025661.

Dornmayr, H., & Löffler, R. (2024). *Bericht zur Situation der Jugendbeschäftigung und Lehrlingsausbildung in Österreich*. ibq und öibf. Im Auftrag vom Bundesministerium für Arbeit und Wirtschaft. https://www.bmwet.gv.at/dam/jcr%3A8919048a-fb5b-443a-b004-b4a5083153d8/Bericht_Jugendbesch%C3%A4ftigung_2022-23_Endversion_barrierefrei.pdf. Zugegriffen: 11. Aug. 2025.

Duch, R. M., Laroze, D., Reinprecht, C., & Robinson, T. S. (2019). Where will the British go? And why? *Social Science Quarterly, 100*(2), 480–493. https://doi.org/10.1111/ssqu.12584.

European Labour Authority (2024). *Report on labour shortages and surpluses 2023*. Publications Office of the European Union. https://doi.org/10.2883/526154.

Heins, V., & Wolff, F. (2023). *Hinter Mauern: Geschlossene Grenzen als Gefahr für die offene Gesellschaft*. Suhrkamp.

Inter Nations Expat Insider (2024) *The Latest Insights into Life Abroad*. https://www.internations.org/expat-insider. Zugegriffen: 16. Apr. 2025.

Kohlenberger, J. (2024a). *Die „Festung Europa" für globale Talente öffnen: Die Optionen für EU-Arbeitsmigration*. Hertie School, Jacques Delors Centre, 7. https://www.delorscentre.eu/de/publikationen/detail/publication/opening-up-fortress-europe-to-global-talents-eu-labour-migration-options. Zugegriffen: 10. Aug. 2025.

Kohlenberger, J. (2024b). *Grenzen der Gewalt: Wie Außengrenzen ins Innere wirken* (1. Aufl.). Leykam.

Krieger, T. (2024). Rechtspopulismus und Standortattraktivität. *Leibniz-Zentrum für Europäische Wirtschaftsforschung* (ZEW)-Kurzexpertise 24(01).

Lee, E. S., Szkudlarek, B., Nguyen, D. C., & Nardon, L. (2020). Unveiling the canvas ceiling: a multidisciplinary literature review of refugee employment and workforce integration. *International Journal of Management Reviews, 22*(2), 193–216. https://doi.org/10.1111/ijmr.12222.

Migration (2025). *Bundesweite Mangelberufe*. https://www.migration.gv.at/de/formen-der-zuwanderung/dauerhafte-zuwanderung/bundesweite-mangelberufe/. Zugegriffen: 8. Aug. 2025.

OECD (2023). *Talent Attractiveness 2023*. https://www.oecd.org/en/data/tools/talent-attractiveness-2023.html. Zugegriffen: 16. Apr. 2025.

Pan, W. F. (2023). The effect of populism on high-skilled migration: evidence from inventors. *European Journal of Political Economy*. https://doi.org/10.1016/j.ejpoleco.2023.102447.

Schinas, M. (2023). *Europa sucht Arbeitskräfte – dringend!*. Der Standard. https://www.derstandard.at/story/3000000195993/europa-sucht-arbeitskraefte-dringend. Zugegriffen: 8. Aug. 2025.

Wodak, R. (2015). *The politics of fear: what right-wing populist discourses mean.* SAGE. https://doi.org/10.4135/9781446270073.

Zajak, S., Best, F., Pickel, G., Quent, M., Römer, F., Steinhilper, E., & Zick, A. (2024). *Ablehnung, Angst und Abwanderungspläne. Die gesellschaftlichen Folgen des Aufstiegs der AfD.* Deutsches Zentrum für Integrations- und Migrationsforschung (DeZIM) Data.insights 14. https://www.dezim-institut.de/publikationen/publikation-detail/ablehnung-angst-und-abwanderungsplaene/. Zugegriffen: 16. Aug. 2025.

3

Wer ist ein Flüchtling? Definitionen und Begrifflichkeiten

In der Genfer Flüchtlingskonvention der Vereinten Nationen von 1951 wird ein Flüchtling definiert als eine Person, die in ihrem Heimatland aus Gründen der Rasse, Religion, Nationalität, politischen Überzeugung oder Zugehörigkeit zu einer bestimmten sozialen Gruppe begründete Angst vor Konflikten oder Verfolgung hat. Flüchtlinge stehen unter dem Schutz des Völkerrechts und dürfen nicht ausgewiesen oder in Situationen zurückgeschickt werden, in denen ihr Leben und ihre Freiheit gefährdet sein könnten.

Es gibt einen rechtlichen Unterschied zwischen einem Flüchtling und einem Asylbewerbenden. Asylbewerbende:r (in Österreich Asylwerber) ist eine Person, die seit ihrer Ankunft in einem anderen Land (z. B. Österreich) einen Antrag auf Schutz auf der Grundlage der Genfer Flüchtlingskonvention gestellt hat. Über den Status eines/einer Asylbewerbenden wurde noch nicht entschieden und er/sie wartet auf das Ergebnis seines Antrags.

Asylwerbende können in Österreich unter bestimmten Voraussetzungen beschäftigt werden. Dafür muss ein sogenanntes Ersatzkraftverfahren durchgeführt werden, das für die Beschäftigung von Ausländer:innen notwendig ist. Im Rahmen dieses Verfahrens prüft das Arbeitsmarktservice

© Der/die Autor(en), exklusiv lizenziert an Springer Fachmedien Wiesbaden GmbH, ein Teil von Springer Nature 2026
J. Kohlenberger, *Refugee Talents: Betriebliche Integration von Geflüchteten*, https://doi.org/10.1007/978-3-658-49871-9_3

(AMS), ob für die betreffende Stelle bevorzugte oder gleich qualifizierte Inländer:innen, EWR-Bürger:innen oder Migrant:innen aus Drittstaaten mit Niederlassungsberechtigung in Österreich zur Verfügung stehen. Sind beim AMS solche qualifizierten Personen („Ersatzkräfte") gemeldet, so erhalten die Unternehmen ein entsprechendes Vermittlungsangebot (AMS, 2022). Der Arbeitgeber muss sodann dem AMS rückmelden, welche Ersatzkräfte sich bei ihm beworben haben und begründen, warum diese nicht eingestellt wurden (WKO, 2024). Zudem darf die Stellenausschreibung nicht so formuliert sein, dass sie eindeutig auf den/die betreffende/n Asylwerber:in zugeschnitten ist; ebenso muss die Ablehnung der Ersatzkräfte formal begründbar sein.

Asylwerber:innen dürfen drei Monate nach Zulassung zum Asylverfahren eine solche Beschäftigungsbewilligung via Ersatzkraftverfahren beantragen. Beim Zugang zur Lehrausbildung gelten dieselben Restriktionen. Ausnahme bilden die Beschäftigung als Saisonier im Tourismus bzw. in der Land- und Forstwirtschaft sowie die Lehre in Mangelberufen. Für Asylwerber:innen bis 25 Jahre gibt es in allen Lehrberufen, in denen ein nachgewiesener Lehrlingsmangel besteht, die Möglichkeit der Erteilung einer Beschäftigungsbewilligung für die Dauer der Lehrzeit. Zudem dürfen Asylwerbende ab dem vierten Monat nach Antragstellung eine selbstständige Tätigkeit aufnehmen, wenn sie entsprechende gewerberechtliche Voraussetzungen erfüllen.

In der Praxis führen diese aufwändigen Verfahren zu einem de facto Arbeitsverbot für Asylwerbende, weil die gesetzlichen Hürden von vielen Arbeitgeber:innen als sehr hoch und damit abschreckend wahrgenommen werden. Begrenzte finanzielle Ressourcen für notwendige Integrationsmaßnahmen (Spracherwerb) vor Arbeitsaufnahme und praktische Barrieren erweisen sich in der Praxis als hohe Hürden für Asylwerbende (Ebner, 2023).

Asylberechtigte dagegen sind Personen, deren Asylverfahren mit positivem Bescheid abgeschlossen wurde. Asylberechtigte haben freien Zugang zum Arbeitsmarkt und unterliegen keinen Restriktionen. Sie sind somit Staatsangehörigen gleichgestellt.

Subsidiär Schutzberechtigte sind Personen, bei denen im Asylverfahren festgestellt wurde, dass zwar keine persönlichen Verfolgungsgründe, dafür aber subsidiäre Schutzgründe vorliegen, wie z. B. drohende Folter oder Todesstrafe im Herkunftsland, innerstaatliche oder internationale Konflikte mit Lebensbedrohung. Sie haben ein vorübergehendes Aufenthaltsrecht, das verlängert werden kann, wenn die Schutzgründe weiter vorliegen (z. B. Andauern der Konfliktsituation; WKO, 2025). Subsidiär Schutzberechtigte haben freien Zugang zum Arbeitsmarkt.

Flüchtlinge sind keine homogene Gruppe, sondern haben unterschiedliche Bildungshintergründe, Fähigkeiten und Kompetenzen sowie berufliche und persönliche Erfahrungen. Innerhalb einer Flüchtlingskohorte kann es ebenso viele Abweichungen und Unterschiede geben wie zwischen einem Flüchtling und einem Einheimischen. Arbeitgeber:innen können deshalb keine verallgemeinernden Annahmen über Mitarbeitende treffen, nur weil sie Geflüchtete – oder Einheimische – sind.

Hoch- vs. gering qualifizierte Arbeitskräfte In Mitteleuropa wird häufig zwischen „hochqualifizierten" und „geringqualifizierten" Arbeitskräften unterschieden. Als „hochqualifiziert" gelten Migrant:innen, die über einen Hochschulabschluss verfügen oder die durch künstlerische, handwerkliche oder sportliche Fähigkeiten einen hohen beruflichen Status erlangt haben. Der Begriff umfasst auch „Selfmade"-Unternehmer:innen, eine wichtige Gruppe unter den Geflüchteten aus dem Nahen Osten. Manche von ihnen, ob in klassischen Sektoren oder in Start-ups, mögen zwar keine Hochschulausbildung haben oder sogar die Schule abgebrochen haben, dennoch gründeten sie ihr Unternehmen und führen oder führten es erfolgreich über Jahre oder Jahrzehnte hinweg.

„Geringqualifizierte" oder angelernte Migrant:innen sind Personen, die keine über den Pflichtschulabschluss hinausgehenden formalen Qualifikationen oder einen hohen beruflichen Status haben. Dazu gehören häufig Berufe wie Installateur:in, Maschinenbediener:in, Reinigungspersonal, Saisonarbeiter:in in der Landwirtschaft oder Pflegeassistenz im Gesundheitswesen. Dennoch haben viele dieser Menschen jahrzehntelange Erfahrung und sind Expert:innen auf ihrem Gebiet.

Definitionen von „hochqualifiziert" und „geringqualifiziert" sollten gerade bei Menschen mit Fluchthintergrund die Einstellungsentscheidungen von Arbeitgeber:innen nicht einschränken. Es ist nicht ungewöhnlich, dass ein hochqualifizierter Flüchtling in einer geringqualifizierten, schlecht bezahlten Position arbeitet oder dass ein geringqualifizierter Flüchtling ohne formalen Abschluss Karriere macht (Zilinskaite & Hajro, 2020). Viele berühmte Unternehmer:innen und Gründer:innen von Forbes 500-Unternehmen haben keinen Hochschulabschluss – kaum jemand aber würde sie als „geringqualifiziert" betiteln.

Literatur

AMS (2022). *Beschäftigung von Asylwerber_innen.* https://www.ams.at/untern ehmen/service-zur-personalsuche/beschaeftigung-auslaendischer-arbeitskra efte/beschaeftigung-von-asylwerberinnen-und-asylwerbern. Zugegriffen: 8. Aug. 2025.

Ebner, P. (2023). *Dürfen Asylwerber:innen arbeiten? Eine Analyse des Arbeitsmarktzugangs seit Aufhebung des „Bartenstein-Erlasses" durch den VfGH.* Blog Asyl. https://www.blogasyl.at/2023/06/duerfen-asylwerberinnen-arbeiten-eine-analyse-des-arbeitsmarktzugangs-seit-aufhebung-des-bartenstein-erlasses-durch-den-vfgh/ (Erstellt: 12. Juni 2023). Zugegriffen: 16. Aug. 2025.

WKO (2024). *Ausländerbeschäftigung: Das Ersatzkraftverfahren.* https://www.wko.at/wien/news/auslaenderbeschaeftigung-das-ersatzkraftverfahren. Zugegriffen: 8. Aug. 2025.

WKO (2025). *Geflüchtete Personen beschäftigen.* https://www.wko.at/fachkraef tesicherung/gefluechtete-personen-beschaeftigen#heading_Unterschied_zw ischen_Asylwerbern__Asylberechtigten__anerkannten_Fluechtlingen_bzw_ _Subsidiaer_Schutzberechtigten. Zugegriffen: 16. Aug. 2025.

Zilinskaite, M., & Hajro, A. (2020). Responsible global migrant workforce management: leadership challenges and opportunities. In M. E. Mendenhall, M. Zilinskaite, G. K. Stahl & R. Clapp-Smith (Hrsg.), *Responsible Global Leadership: Dilemmas, Paradoxes, and Opportunities* (S. 101–119). Routledge. https://doi.org/10.4324/9781003037613.

4

Historische Entwicklung der Flüchtlingsaufnahme und -beschäftigung in Österreich

Seit Ende des Zweiten Weltkriegs ist Österreich aufgrund seiner geografischen Lage, des historischen Erbes des Habsburgerreiches und der politischen Unruhen in den Nachbarländern wie Ungarn, der ehemaligen Tschechoslowakei und dem ehemaligen Jugoslawien (Halilovich, 2013; Fassmann & Stacher, 2003) ein wichtiges Aufnahmeland für Flüchtlinge in Europa (Abb. 4.1).

Zwischen 1973 und 1989 fanden viele Jüdinnen und Juden aus der ehemaligen Sowjetunion Zuflucht in Österreich. Für manche von ihnen war Österreich eine Zwischenstation auf ihrer Reise in andere westliche Länder; andere blieben dauerhaft. Österreich verstand sich lange Zeit als traditionelles „Asylland" und „Tor zum Westen" (Bauer, 2008; Böse et al., 2001). In den letzten 25 Jahren führten der Fall des Eisernen Vorhangs (1989) und der Krieg in Jugoslawien (1991–1995) zu einem sprunghaften Anstieg der Asylanträge, wie auch die Kriege in Tschetschenien, Afghanistan, Irak und vor allem in Syrien (Buber-Ennser et al., 2016). Seit dem Ausbruch des russischen Krieges gegen die Ukraine flohen mehr als fünf Millionen Menschen aus dem Land, mehr als sieben Millionen wurden zu Binnenvertriebenen. Im Mai 2022 waren in Österreich rund 70.000 ukrainische Flüchtlinge registriert, die meisten von ihnen Frauen und

© Der/die Autor(en), exklusiv lizenziert an Springer Fachmedien Wiesbaden GmbH, ein Teil von Springer Nature 2026
J. Kohlenberger, *Refugee Talents: Betriebliche Integration von Geflüchteten*,
https://doi.org/10.1007/978-3-658-49871-9_4

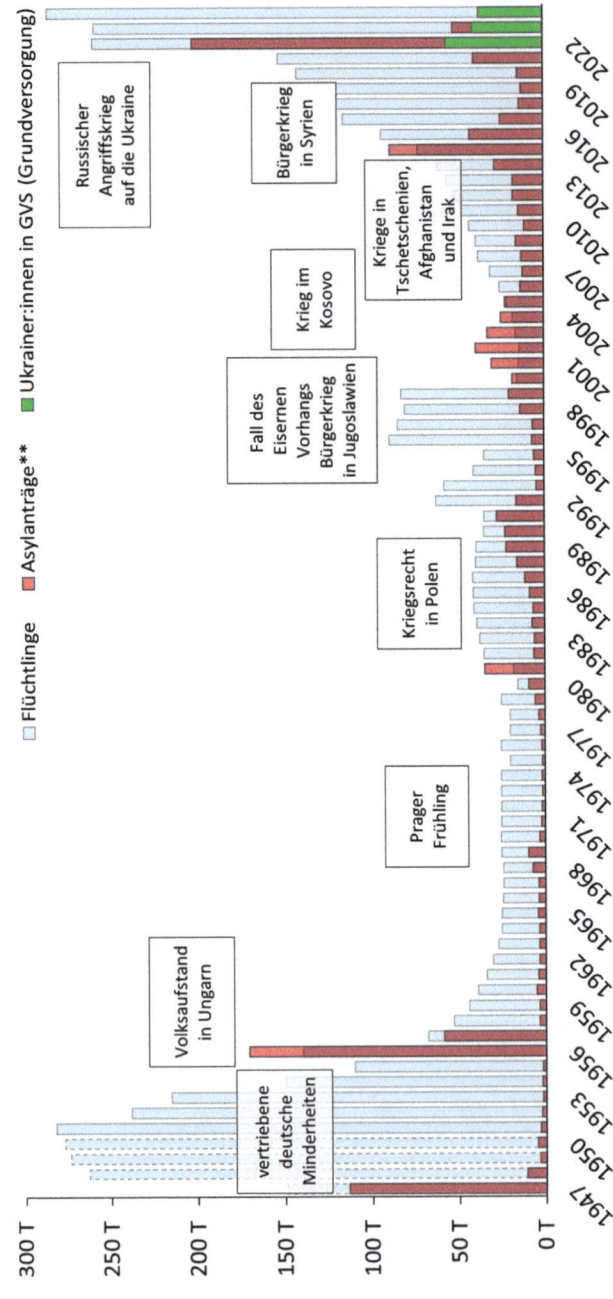

Abb. 4.1 Asylanträge in Österreich seit 1947 bis 2023. (Quellen: Marik-Lebek & Wisbauer, 2017; Statistik Austria, 2018; UNHCR, 2013b; BMI, 2018. Visualisierung von Bernhard Rengs [VID/ÖAW])

Kinder. In diesem Jahr stiegen auch die Asylanträge spürbar, auf rund
112.000 Personen bis Ende des Jahres, bedingt durch den Abbau eines
covidbedingten Rückstaus in den Jahren davor. Seit 2024 sind die Asylan-
tragszahlen in Österreich (stark) rückläufig, was den generellen europäischen Trend widerspiegelt und unter anderem auf Drittstaatsabkommen,
aber auch geänderte geopolitische Verhältnisse, etwa den Regimewech-
sel in Syrien im Dezember 2024, zurückzuführen ist. Tatsächlich war
die Auslastung der bundesweiten Grundversorgungseinrichtungen Mitte 2025 die niedrigste seit rund zehn Jahren.

Nach Ankunft, Antragstellung und der Zuerkennung eines Schutzstatus (Asyl oder subsidiärer Schutz, Kap. 3) startet bei Geflüchteten die
Arbeitsmarktintegration. Diese verläuft in der Regel langsamer als bei
regulären Migrant:innen, allerdings ist im Zeitverlauf auch die stärks-
te Steigerung der Beschäftigungsquote zu beobachten (Manahl, 2017).
Geflüchtete benötigen im Schnitt fünf bis sechs Jahre, um zur Beschäftigungsquote von Personen, die im Rahmen eines Familiennachzugs zu-
wandern, aufzuschließen. Danach erfolgt die Steigerung der Beschäftigungsquote langsamer. Erst nach einem durchschnittlich 15- bis 20-jähri-
gen Aufenthalt erreichen geflüchtete Menschen die Beschäftigungsquote
von Personen, die als Arbeits- oder Bildungsmigrant:innen ins Land gekommen sind.

Als grobe Richtschnur zeigt das deutsche Institut für Arbeitsmarkt- und
Berufsforschung (IAB), dass nach fünf Jahren etwa 50 % einer Flüchtlingskohorte in den Arbeitsmarkt integriert sind (Brücker et al., 2015).
Für die Geflüchteten, die 2015 nach Österreich kamen und deren Asyl-
antrag 2015 oder 2016 positiv beschieden wurde, wurde diese Bench-
mark mittlerweile fast erreicht, trotz des COVID-bedingten Einbruchs
in den Jahren 2021–2022. Insgesamt verläuft die Integration der 2015
ins Land gekommenen Geflüchteten gut: In Deutschland etwa liegt ihre
Erwerbstätigenquote bei 64 % und hat damit fast das Niveau regulärer
Migrant:innen erreicht. Unter geflüchteten Männern liegt die Erwerbstätigenquote sogar über jener der männlichen Gesamtbevölkerung (81 %):
86 % der geflüchteten Männer sind selbstständig oder unselbstständig
beschäftigt (BAMF, 2024). Bei der Arbeitsmarktintegration geflüchteter
Frauen (33 % sind erwerbstätig) gibt es Verbesserungsbedarf.

Diese aktuellen Arbeitsmarktergebnisse bestätigen internationale Studien, die zeigen, dass nach etwa zehn Jahren die Erwerbsbeteiligung von geflüchteten Männern beinahe derjenigen der jeweiligen Gesamtbevölkerung entspricht. Jene der Frauen liegt im Schnitt zehn Prozentpunkte darunter (Prettenthaler et al., 2017). Das liegt jedoch nicht an der fehlenden Erwerbsorientierung geflüchteter Frauen, sondern hat strukturelle Gründe. Weniger Arbeitserfahrung, keine formalisierten Abschlüsse spielen ebenso eine Rolle wie „klassische" Themen, die auch heimische Arbeitnehmerinnen betreffen, darunter Kinderbetreuung und Teilzeitorientierung (Kap. 7). Weiterhin werden Einstellungsentscheidungen von Arbeitsagenturen und Arbeitgeber:innen (auch) auf Basis bestimmter, oft unbewusster Annahmen über Frauen oder geflüchtete Menschen getroffen („*unconscious bias*") – ein in der Forschung auch als „*employer* bias" (dt. „Voreingenommenheit der Arbeitgeber") bekanntes Phänomen (Koyama, 2014). In einem zunehmend von Halbwahrheiten und Hetze über Flüchtlinge bestimmten öffentlichen Klima ist eine Reflexion solcher Vorannahmen besonders herausfordernd und gleichzeitig unerlässlich für fundierte betriebswirtschaftliche Entscheidungen.

Doch selbst wenn die Erwerbsaufnahme geflüchteter Menschen gelingt, lassen sich noch jahrelang Unterschiede zu heimischen Arbeitnehmer:innen beobachten. So etwa sind Geflüchtete deutlich häufiger in Teilzeit beschäftigt als andere Gruppen. Während 17 % der Menschen ohne Migrationshintergrund teilzeitbeschäftigt sind, kommen reguläre Migrant:innen auf 25 % und Geflüchtete auf 30 % (Manahl, 2017). Zudem lassen Geflüchtete ihre im Ausland erworbenen Abschlüsse seltener anerkennen als regulär zugewanderte Migrant:innen. Ihre Erwerbsquote bleibt auch noch 15 Jahre nach der Ankunft rezessionsanfällig und ist stark vom allgemeinen Wirtschaftswachstum abhängig. Darüber hinaus sind Geflüchtete wesentlich häufiger von beruflicher De-Qualifikation betroffen (Schönherr et al., 2022).

Geflüchtete Arbeitnehmer:innen …

- sind wesentlich häufiger in Teilzeit beschäftigt als Arbeitsmigrant:innen oder einheimische Arbeitskräfte.
- lassen Abschlüsse aus dem Ausland seltener anerkennen als Arbeitsmigrant:innen.
- sind wesentlich häufiger von beruflicher De-Qualifikation betroffen als heimische Kräfte.

Literatur

Bauer, W. T. (2008). *Zuwanderung nach Österreich*. Wien: ÖGPP.

BMI (2018). *Asylstatistik 2017*. Wien: Bundesministeriums für Inneres. https://www.bmi.gv.at/301/statistiken/files/jahresstatistiken/asyl-jahresstatistik_2017.pdf. Zugegriffen: 16. August 2025

Böse, M., Haberfellner, R., & Koldas, A. (2001). *Mapping Minorities and their Media: The National Context – Austria*. Wien: Center für Soziale Innovation (ZSI).

Brücker, H., Hauptmann, A., & Vallizadeh, E. (2015). *Flüchtlinge und andere Migranten am deutschen Arbeitsmarkt: Der Stand im September 2015*. IAB Aktuelle Berichte, 14/15. https://doku.iab.de/aktuell/2015/aktueller_bericht_1514.pdf. Zugegriffen: 14. August 2025

Buber-Ennser, I., Kohlenberger, J., Rengs, B., Al Zalak, Z., Goujon, A., Striessnig, E., Potančokova, M., Gisser, R., Testa, M. R., & Lutz, W. (2016). Human Capital, Values, and Attitudes of Persons Seeking Refuge in Austria in 2015. *PLOS ONE, 11*(9), e163481. https://doi.org/10.1371/journal.pone.0163481.

Bundesamt für Migration und Flüchtlinge (2024). *IAB-BAMF-SOEP-Befragung von Geflüchteten*. Forschungszentrum BAMF. https://www.bamf.de/SharedDocs/ProjekteReportagen/DE/Forschung/Integration/iab-bamf-soep-befragung-gefluechtete.html?nn=283560. Zugegriffen: 8. August 2025

Fassmann, H., & Stacher, I. (Hrsg.). (2003). *Österreichischer Migrations- und Integrationsbericht: Demographische Entwicklungen – sozioökonomische Strukturen – rechtliche Rahmenbedingungen*. Drava.

Halilovich, H. (2013). Bosnian Austrians: Accidental Migrants in Trans-local and Cyber Spaces. *Journal of Refugee Studies, 26*(4), 524–540. https://doi.org/10.1093/jrs/fet002.

Koyama, J. (2014). Constructing Gender: Refugee Women Working in the United States. *Journal of Refugee Studies, 28*(2), 258–275. https://doi.org/10.1093/jrs/feu026.

Manahl, C. (2017). *Was wissen wir wissenschaftlich fundiert über den Prozess der Arbeitsmarktintegration von Flüchtlingen? Eine Übersicht über aktuelle österreichische und internationale Studienergebnisse.* okay.zusammen leben

Marik-Lebeck, S., & Wisbauer, A. (2017). Flüchtlingsmigration im Spiegel der Bevölkerungsstatistik. *Statistische Nachrichten, 2017*(4), 268–275.

Prettenthaler, F., Janisch, D., Gstinig, K., Kernitzkyi, K., Kirschner, E., Klumer, V., Niederl, A., & Winkler, C. (2017). *Ökonomische Effekte von Asylberechtigten in Österreich.* Cartias&Du und Österreichisches Rotes Kreuz. https://www.caritas.at/fileadmin/storage/global/document/News/OEkonomische_Effekte_Asylberechtigter_Endbericht.pdf. Zugegriffen: 10. August 2025

Schönherr, D., Zandonella, M., & Glaser, H. (2022). *Kolleginnen und Kollegen mit anderen Staatsangehörigkeiten als der österreichischen am Arbeitsmarkt – Zwischen Systemrelevanz und Exklusion: Erwerbssituation, Arbeitszufriedenheit und Diskriminierung in der Arbeit.* Arbeiterkammer. https://www.arbeiterkammer.at/interessenvertretung/arbeitundsoziales/arbeitsmarkt/SORA_Studie_2022..pdf. Zugegriffen 10. August 2025

Statistik Austria (2018). *Bevölkerung nach Staatsangehörigkeit/Geburtsland.* http://www.statistik.at/web_de/statistiken/menschen_und_gesellschaft/bevoelkerung/bevoelkerungsstruktur/bevoelkerung_nach_staatsangehoerigkeit_geburtsland/index.html. Zugegriffen: 24. Okt. 2018.

UNHCR (2013). *UNHCR Statistical Online Population Database: Sources, Methods and Data Consideration.* https://www.unhcr.org/publications/unhcr-statistical-online-population-database-sources-methods-and-data-considerations. Zugegriffen: 8. Aug. 2025.

5

Integration – ein ressourcenorientierter Ansatz

In der „Bestandsaufnahme Fachkräftemangel" kritisiert der österreichische Rechnungshof, dass eine umfassende Gesamtstrategie zu seiner Bekämpfung fehle. Er empfiehlt, den Schwerpunkt auf die Integration bereits im Land legal aufhältiger Migrant:innen – worunter auch Asylberechtigte und subsidiär Schutzberechtigte zu subsumieren sind – zu legen und gezielt deren Integration in den Arbeitsmarkt zu verbessern. Es sollen Maßnahmen ausgearbeitet werden, die auf förderliche und hinderliche Faktoren der Integration Rücksicht nehmen sowie die Bedürfnisse der betroffenen Personengruppen gezielt in den Blick nehmen (Rechnungshof, 2024). Der Österreichische Gewerkschaftsbund (ÖGB) wiederum fordert in seiner Fachkräftestrategie einen erleichterten Zugang zu Deutschkursen und raschere Anerkennung von im Ausland erworbenen Qualifikationen (Kasper, 2024). Damit artikulieren das unabhängige Organ der externen öffentlichen Finanzkontrolle und die österreichischen Gewerkschaften die notwendigen Eckpunkte eines erfolgreichen Integrationsansatzes auf nationaler wie europäischer Ebene: (a) zielgruppengerecht statt „one size fits all", (b) empiriegeleitet anhand nachweislich förderlicher Faktoren und (c) chancenorientiert durch das Schaffen von Zugängen.

Der konzeptionelle Rahmen von Ager & Strang (2008; Abb. 5.1) liefert somit einen Ansatz weg von einem Verständnis von Integration als

© Der/die Autor(en), exklusiv lizenziert an Springer Fachmedien Wiesbaden GmbH, ein Teil von Springer Nature 2026
J. Kohlenberger, *Refugee Talents: Betriebliche Integration von Geflüchteten*, https://doi.org/10.1007/978-3-658-49871-9_5

Einbahnstraße und hin zu einer gegenseitigen Verpflichtung, welche das Engagement beider Seiten erfordert – der Geflüchteten sowie der Aufnahmegemeinschaft. Die soziale Interaktion mit der Wohnbevölkerung des Aufnahmelandes wird darin als zentral für ein positives Gesamtergebnis der Integration geflüchteter Menschen angesehen. Teil einer „erfolgreichen" Integration sind immer auch soziale Netze, die wiederum positive Effekte auf den Integrationserfolg in den Bereichen Arbeitsmarkt, Wohnen, Bildung, und Gesundheit haben. Hier unterscheiden Ager & Strang zwischen (a) sozialen Bindungen („social bonds"), die enge Beziehungen zwischen Menschen der eigenen Community, innerhalb der Familie oder Verwandtschaft markieren, (b) sozialen Brücken („social bridges"), die Bindungen zu anderen Communities bzw. der Mehrheitsgesellschaft anzeigen, und (c) sozialen Links („social links"), die die Beziehungen von Migrant:innen und Geflüchteten zu Institutionen und Behörden repräsentieren. Im Idealfall sind alle drei Sozialkapitalformen ausgeprägt, da soziale Bindungen (a) eine wichtige psychosoziale Funktion, vor allem in der Anfangsphase, erfüllen (deshalb auch „getting-by capital" genannt [Putnam, 2001]), während soziale Brücken auch als „getting-ahead capital" verstanden werden – also als Sozialkapital, das benötigt wird, um voranzukommen, weil dadurch leichter ein Job, eine Wohnung oder andere gesellschaftliche Zugänge erschlossen werden können (Putnam, 2001).

Hervorzuheben ist die oberste Ebene der auf dem Kopf stehenden Pyramide, die sogenannten „Schlüsselbereiche der Aktivitäten im öffentlichen Bereich" (Ager & Strang, 2008, S. 169). Dazu zählen Beschäftigung, Bildung, Wohnen und Gesundheit, die gleichzeitig als Indikatoren für eine erfolgreiche Integration (im Nachhinein) und als Mittel zur Erreichung dieses Ziels zu sehen sind. So beeinflusst eine erfolgreiche Integration in der Domäne „Wohnen" auch die Integration in den Domänen „Arbeit" oder „Bildung" positiv, ebenso wie die darunterliegenden Integrationsdimensionen der sozialen, kulturellen und politischen Eingliederung. Einem solchen Modell und damit einem Ansatz zur Arbeitsmarktbeteiligung von Flüchtlingen liegt das Ziel zugrunde, Ressourcen und Dienstleistungen bereitzustellen, die eine Integration in den oben genannten Dimensionen ermöglichen – mit anderen Worten, Geflüchteten die Partizipation in allen Bereichen der Gesellschaft zu ermöglichen. Als Gegenteil von gelungener Integration wird soziale Ausgrenzung gesehen, also ei-

Marker und Mittel	Arbeit	Wohnen	Bildung	Gesundheit

Soziales Netzwerk	Soziale Brücken	Soziale Bindungen	Soziale Links

Förderliche Faktoren	Sprache und kulturelles Wissen	Sicherheit und Stabilität

Grundlage	Rechte und (Staats-)Bürgerschaft

Abb. 5.1 Konzeptueller Rahmen der Integration von Ager & Strang (2008), der zehn Kernbereiche der Integration definiert. In der Praxis können sich die Bereiche häufiger überschneiden und verschwimmen als in dieser Abbildung dargestellt. (Eigene Anpassung)

ne unzureichende Beteiligung von Mitgliedern ethnischer Gruppen in verschiedenen Bereichen des gesellschaftlichen Lebens (Beresnevièiûtë, 2003). Integration als Prozess dient also dazu, bestehende Hindernisse struktureller wie auch individueller Natur zu beseitigen, die Geflüchtete daran hindern Teil der Gesellschaft zu werden.

Für die meisten europäischen Aufnahmeländer stellt dabei die Beteiligung am Arbeitsmarkt, vulgo ökonomische Integration, die zentrale Dimension dar. Der Grund dafür ist die Bedeutung von Beschäftigung, sowohl für den Einzelnen als auch für die Gesellschaft. Eine sinnvolle Beschäftigung ermöglicht es Flüchtlingen nicht nur, selbstbestimmt und finanziell stabil zu sein (Ager & Strang, 2008; BMAS, 2020; Phillimore & Cheung, 2014, S. 521). Die Erhöhung ihres finanziellen Kapitals hat auch positive Auswirkungen auf das soziale und kulturelle Kapital sowie die psychische Gesundheit (Lie, 2002). Erwerbstätigkeit ist zudem mit mehr sozialen Kontakten innerhalb und außerhalb der eigenen Gemeinschaft verbunden (Ager & Strang, 2008; Gericke et al., 2018; Gundert & Hohendanner, 2011; Pallmann et al., 2019; Worbs & Baraulina, 2017) und wirkt sich somit positiv auf die soziale Integration aus. Arbeitslosigkeit hingegen vermindert das Zugehörigkeitsgefühl und kann sogar zu Diskriminierung durch Mitglieder der Aufnahmegesellschaft führen (Ortlieb et al., 2020, S. 20). Auf gesellschaftlicher Ebene ist die Integration von Flüchtlingen in den Arbeitsmarkt essenziell, da sie die sozialen Sicherungssysteme entlastet, was angesichts einer alternden Bevölkerung und einer zunehmenden Belastung der verbleibenden Arbeitskräfte besonders relevant ist (Huber, 2016).

Daher haben sich empiriegeleitete Kapitalkonzepte, die neben finanziellen Ressourcen auch soziales und kulturelles (Bildungs-)Kapital umfassen, im Kontext der Arbeitsmigration als besonders fruchtbar erwiesen. Sie ermöglichen ein differenziertes Verständnis der Wirkungsmechanismen von Integrationsmaßnahmen (Bourdieu, 1986; Eggenhofer-Rehart et al., 2018; Gericke et al., 2018; Ortlieb et al., 2020). Soziales Kapital bezieht sich auf persönliche Beziehungen und Netzwerke, während kulturelles (Bildungs-)Kapital Wissen, Fähigkeiten und Bildungsabschlüsse umfasst. Geflüchtete erleben bei ihrer Ankunft in einem neuen Land häufig eine Abwertung ihres Sozial- und Bildungskapitals. Praktische Arbeitserfahrung und informelle Fähigkeiten verlieren an Wert, da Arbeitgeber:innen in Ländern wie Österreich formale Qualifikationen bevorzugen. Kapitalformen bedingen und beeinflussen sich jedoch gegenseitig. So kann fehlendes kulturelles Kapital in Form von Sprachkenntnissen und formalen Qualifikationen eine der größten Herausforderungen für die Arbeitsmarktintegration darstellen (Landesmann et al., 2023). In ähnlicher Weise kann soziales Kapital als unterstützender Faktor wirken, ist aber bei der ersten Ankunft in der Aufnahmegesellschaft oft begrenzt (Eggenhofer-Rehart et al., 2018).

Schnelle oder nachhaltige Arbeitsmarktintegration?

Im Bereich der Arbeitsmarktintegrationspolitik von Menschen mit Flucht- oder Migrationsbiografie kann man grob zwischen zwei Ansätzen unterscheiden: Dem „job first"-Prinzip, das auf möglichst rasche Erwerbsaufnahme setzt, und dem „language first"-Ansatz, der auf Aus- und Weiterbildung, vor allem durch Erlernen der Landessprache, setzt, um hochqualifizierte und damit nachhaltigere Erwerbsaufnahme zu ermöglichen (Tab. 5.1).

Das „job first"-Prinzip zielt auf schnelle Resultate ab und priorisiert klar die ökonomische beziehungsweise strukturelle Integration vor sozialer Eingliederung. Es setzt darauf, dass Personen möglichst rasch Einstiegsjobs aufnehmen, was in der Praxis häufig gering qualifizierte Tä-

Tab. 5.1 Gegenüberstellung der beiden Integrationsansätze „job first" vs. „language first"

Schnelle Integration „Job First"	Nachhaltige Integration „Language First"
• Schnelle Resultate • Priorisiert ökonomische (strukturelle) Integration • Einstiegsjobs so rasch wie möglich gering qualifizierte Tätigkeit mit prekären Arbeitsbedingungen (Teilzeit, befristete Tätigkeit, haushaltsnahe Dienstleistungen) • Riskiert De-Qualifikation und überqualifizierte Beschäftigte • Gefahr der Erosion des mitgebrachten Humankapitals • Kürzer und zu Beginn kosteneffizienter	• Nachhaltige Resultate • Schließt kulturelle und soziale Integration mit ein • Priorisiert Job Matching und berücksichtigt Wohnort und soziales Umfeld von Geflüchteten in einem ganzheitlichen Zugang • Ermöglicht dadurch geringere De-Qualifikation von Geflüchteten • Investitionen in Sprachkurse, Qualifizierungsmaßnahmen, Nostrifikation und Anerkennungen • Länger und zu Beginn kostenintensiver

tigkeiten unter prekären Arbeitsbedingungen bedeutet, etwa in Teilzeit, befristet oder in haushaltsnahen Dienstleistungen. Das birgt Risiken für Beschäftige und Volkswirtschaft: Rasche Erwerbsaufnahme kann zu De-Qualifikation führen, indem vorhandene Qualifikationen nicht genutzt oder weiterentwickelt werden, und somit überqualifizierte Beschäftigte in inadäquate Positionen drängen. Zudem besteht die Gefahr der schleichenden Erosion des mitgebrachten Humankapitals. Zwar erscheint dieses Modell anfangs kosteneffizient, doch seine langfristigen Auswirkungen auf Qualifikationsniveaus und berufliche Entwicklung sind kritisch zu bewerten (Arendt & Bolvig, 2023).

Das „language first"-Modell setzt auf nachhaltige Resultate und bezieht neben der ökonomischen auch die kulturelle und soziale Integration mit ein. Im Zentrum steht ein gezieltes Job Matching, wodurch De-Qualifikation vermieden und vorhandene Kompetenzen geflüchteter Personen besser genutzt werden können. Es beinhaltet Investitionen in Sprachkurse, Qualifizierungsmaßnahmen sowie in Verfahren zur Anerkennung ausländischer Abschlüsse, wodurch Personen passgenauer auf qualifizierte Stellen vermittelt werden können. Zwar ist dieser Ansatz in der Anfangsphase kostenintensiver und langwieriger, ermöglicht jedoch meist eine langfristig tragfähigere Integration in den Arbeitsmarkt, weil Geflüchtete und Migrant:innen so an Stellen vermittelt werden, die bei schlechter konjunktureller Lage nicht gleich wieder wegbrechen.

Exkurs: Anerkennung von im Ausland erworbenen Qualifikationen

In Österreich wird zwischen reglementierten und nicht-reglementierten Berufen unterschieden. Nur bei ersten ist eine formale Anerkennung notwendig. Dies betrifft z. B. medizinische Berufe wie Ärzt:innen und Pflegekräfte, aber auch Lehrberufe (Egger et al., 2023). Die Arbeitsaufnahme in diesen Branchen ist nur nach erfolgter Anerkennung eines ausländischen Abschlusses möglich. Daneben können Schul- und Maturazeugnisse nostrifiziert werden, was bedeutet, dass ihre Gleichwertigkeit mit österreichischen Lehrplänen verglichen wird. Ggf. sind zusätzliche Prüfungen notwendig, um die Anerkennung des Zeugnisses in Österreich zu erreichen. In diesem Bereich existieren zahlreiche bilaterale Abkommen zwischen Staaten, die die gegenseitige Anerkennung erleichtern. Ähnlich wird auch bei Hochschulabschlüssen vorgegangen, wobei jene aus einem anderen EU-Land in der Regel nicht formal nostrifiziert werden müssen. Auch Lehrabschlüsse können (ggf. durch Ergänzungsprüfungen) formal anerkannt werden.

In der Praxis hängt die Notwendigkeit, aber auch die Erfolgsaussicht einer Anerkennung von unterschiedlichen strukturellen wie persönlichen Faktoren ab. Neben Qualifikationsniveau und Beruf ist das Herkunftsland (EU/EWR oder Drittstaat) entscheidend. Auch die Zielvorstellungen eines Migranten, einer Migrantin bzw. Geflüchteten muss miteinbezogen werden. Wird etwa eine selbstständige Tätigkeit angestrebt, ist die formale Anerkennung eines Abschlusses meist weniger relevant als im Falle einer Anstellung. Nicht außer Acht lassen sollte man die Kosten für Beglaubigung und Übersetzung und den zeitlichen Aufwand eines Anerkennungsverfahrens, weshalb dieses nicht in jedem möglichen Fall auch tatsächlich empfohlen wird. Die Antragstellung verläuft je nach Behörde und Bundesland unterschiedlich, sodass neben dem Abschluss selbst u. a. auch Strafregisterauszug oder Zertifikate notwendig sind. Die fehlende Harmonisierung in Form eines bundesweit einheitlichen Systems zur Anerkennung stellt, neben hohen Kosten und sprachlichen Barrieren (Egger et al., 2023), eine Herausforderung für Antragsteller:innen dar. Nach erfolgter Antragstellung wird ein Ermittlungsverfahren eingeleitet, in dem ausländische mit österreichischen Curricula verglichen werden. Auch eine persönliche Parteienanhörung kann Teil des Anerkennungsverfahrens sein. Danach erfolgt ein Bescheid über die Anerkennung oder die Notwendigkeit ergänzender Prüfungen, die nach Absolvierung in den Bescheid aufgenommen werden. Um einen reglementierten Beruf schlussendlich ausüben zu dürfen, ist eine formelle Eintragung in die entsprechende Berufsliste, z. B. das Gesundheitsberuferegister, notwendig (Panek, 2025).

Daten der bundesweiten Anlaufstellen für Personen mit im Ausland erworbenen Qualifikationen (AST) zeigen, dass Frauen diese eher in Anspruch nehmen als Männer (65 % vs. 35 %). Dies hängt auch, aber nicht nur, damit zusammen, dass klassisch weiblich dominierte Berufe wie Gesundheit/Pflege und Erziehung/Bildung reglementiert sind. Laut Statistik Austria beantragen Frauen doppelt so viele Bewertungen und Anerkennungen wie Männer. Gleichzeitig ist für sie der Besuch von ergänzenden Kursen und Maßnahmen aufgrund von Kinderbetreuung, Kosten und Mobilität oft herausfordernder. Viele von ihnen arbeiten daneben (Teilzeit) in niedrig qualifizierten Berufen, wodurch eine dreifache Belastung entsteht (Panek, 2025).

Die hohen strukturellen und individuellen Hürden im Anerkennungsprozess führen dazu, dass viele Menschen mit Migrations- und Fluchthintergrund in Berufen tätig sind, die nicht ihren Qualifikationen entsprechen. Eine Sonderauswertung des österreichischen Arbeitsklima-Index (2017–2021) des Sozialforschungsinstituts Sora hat ergeben, dass rund ein Drittel der Befragten mit Migrationshintergrund für ihre aktuelle Stelle überqualifiziert sind. 13 % können laut eigenen Angaben nicht von ihrem Einkommen leben, weil es so niedrig sei (Schönherr et al., 2022). Das hat auch volkswirtschaftliche Schäden zur Folge, weil dadurch Fachwissen verloren geht und höher qualifizierte Jobs mit höherem Lohnniveau (und Steueraufkommen) nicht wahrgenommen werden können (Egger et al., 2023). Dies trifft vor allem auch Drittstaatsangehörige außerhalb der EU, deren Ausbildungssysteme sich teils massiv vom österreichischen unterscheiden (Hadj Abdou & Ebner, 2025).

Literatur

Ager, A., & Strang, A. (2008). Understanding integration: a conceptual framework. *Journal of Refugee Studies, 21*(2), 166–191. https://doi.org/10.1093/jrs/fen016.

Arendt, J. N., & Bolvig, I. (2023). Trade-offs between work-first and language-first strategies for refugees. *Economics of Education Review, 92*, 102353. https://doi.org/10.1016/j.econedurev.2022.102353.

Beresnevièiûtë, V. (2003). *Dimensions of social integration: appraisal of theoretical approaches.* The Institute of Political Science and Diplomacy, Vytautus Magnus University: Ethnicity Studies.

Bourdieu, P. (1986). The forms of capital. In *Handbook of theory and research for the sociology of education* (S. 241–258). New York: Greenwood Press.

Bundesministerium für Arbeit und Soziales (BMAS) *Arbeitsmarktintegration*. https://www.bmas.de/DE/Arbeit/Arbeitsfoerderung/foerderung-migranten. html (Erstellt: 6. Mai 2020). Zugegriffen: 8. Aug. 2025.

Eggenhofer-Rehart, P. M., Latzke, M., Pernkopf, K., Zellhofer, D., Mayrhofer, W., & Steyrer, J. (2018). Refugees' career capital welcome? Afghan and Syrian refugee job seekers in Austria. *Journal of Vocational Behavior, 105*, 31–45. https://doi.org/10.1016/j.jvb.2018.01.004.

Egger, A., Flotzinger, M., & Seidl, K. (2023). *Berufsanerkennung in Österreich*. Österreichischer Integrationsfonds (ÖIF). https://www.integrationsfonds.at/fileadmin/user_upload/Berufsanerkennung_in_OEsterreich_OEIF.pdf. Zugegriffen 16. August 2025

Gericke, D., Burmeister, A., Löwe, J., Deller, J., & Pundt, L. (2018). How do refugees use their social capital for successful labor market integration? An exploratory analysis in Germany. *Journal of Vocational Behavior, 105*, 46–61. https://doi.org/10.1016/j.jvb.2017.12.002.

Gundert, S., & Hohendanner, C. (2011). *Leiharbeit und befristete Beschäftigung: Soziale Teilhabe ist eine Frage von stabilen Jobs*. IAB-Kurzbericht. 4/2011. https://hdl.handle.net/10419/158347

Hadj Abdou, L., & Ebner, P. (2025). *Arbeitsmigration in Zeiten des Arbeitskräftemangels in Österreich*. Internationale Organisation für Migration (IOM).

Huber, P. (2016). Auswirkungen von Migration auf die Wirtschaft: Was wir wissen, was wir nicht wissen und was wir tun sollten. In *Fluchtbedingte Migration – Herausforderung für die EZA* (1. Aufl. S. 29–32). ÖFSE.

Kasper, B. (2024). *Wie Österreich zu Fachkräften kommt*. Österreichischer Gewerkschaftsbund (ÖGB). https://www.oegb.at/themen/arbeitsmarkt/arbeitsmarktpolitik/wie-oesterreich-zu-fachkraeften-kommt- (Erstellt: 28.10.). Zugegriffen: 8. Aug. 2025.

Landesmann, M., Leitner, S., Jestl, S., Tverdostup, M., Leitner, S., & Mara, I. (2023). *Wiiw Studies on the Integration of Middle Eastern Refugees in Austria, Based on FIMAS Surveys and Register-based Labour Market Career Data*. Policy Notes and Reports, 74.

Lie, B. (2002). A 3-year follow-up study of psychosocial functioning and general symptoms in settled refugees. *Acta Psychiatrica Scandinavica, 106*(6), 415–425. https://doi.org/10.1034/j.1600-0447.2002.01436.x.

Ortlieb, R., Eggenhofer-Rehart, P., Leitner, S., Hosner, R., & Landesmann, M. (2020). Do Austrian Programmes Facilitate Labour Market Integration of Refugees? *International Migration, 63*(1). https://doi.org/10.1111/imig.12784.

Pallmann, I., Ziegler, J., & Pfeffer-Hoffmann, C. (2019). *Geflüchtete Frauen als Zielgruppe der Arbeitsmarktförderung.* IQ Fachstelle. https://www.netzwerk-iq.de/fileadmin/Redaktion/Downloads/Fachstelle_Einwanderung/Publikationen_2019/FE_Fallstudie-Gefluechtete-Frauen-als-Zielgruppe-der-Arbeitsmarktfoerderung_2019.pdf. Zugegriffen: 16. August 2025

Panek, A. (2025). *Anlaufstellen für Personen mit im Ausland erworbenen Qualifikationen (AST).* https://www.emn.at/wp-content/uploads/2025/07/Praesentation-Trendbarometer-2025-Aleksandra-Panek.pdf. Zugegriffen: 08.2025. Präsentation.

Phillimore, J., & Cheung, S. Y. (2014). Refugees, Social Capital and Labour Market Integration in the UK. *Sociology, 48*(3), 518–536.

Putnam, R. D. (2001). *Bowling alone: the collapse and revival of American community.* Proceedings of the 2000 ACM Conference on Computer Supported Cooperative Work. (S. 357). https://doi.org/10.1145/358916.361990.

Rechnungshof (2024). *Bestandsaufnahme Fachkräftemangel (2024/12).* Rechnungshof Österreich. https://www.rechnungshof.gv.at/rh/home/home/2024_12_Fachkraeftemangel.pdf. Zugegriffen: 16. August 2025

Schönherr, D., Zandonella, M., & Glaser, H. (2022). *Kolleginnen und Kollegen mit anderen Staatsangehörigkeiten als der österreichischen am Arbeitsmarkt – Zwischen Systemrelevanz und Exklusion: Erwerbssituation, Arbeitszufriedenheit und Diskriminierung in der Arbeit.* Arbeiterkammer. https://www.arbeiterkammer.at/interessenvertretung/arbeitundsoziales/arbeitsmarkt/SORA_Studie_2022..pdf. Zugegriffen: 10. August 2025

Worbs, S., & Baraulina, T. (2017). *Female Refugees in Germany: Language, Education and Employment.* Nürnberg: Bundesamt für Migration und Flüchtlinge (BAMF) Forschungszentrum Migration, Integration und Asyl (FZ). https://nbn-resolving.org/urn:nbn:de:0168-ssoar-67555-1. Zugegriffen: 10. August 2025

6

Wie gelingt die (Arbeitsmarkt-)Integration von Geflüchteten? Erfahrungen aus dem europäischen Raum

Die Integration in den Arbeitsmarkt wird durch verschiedene Faktoren positiv beeinflusst. Studien zeigen, dass sich eine stabile wirtschaftliche Lage sowie eine geringe Arbeitslosigkeit im Aufnahmeland positiv auf die Erwerbsaussichten Geflüchteter auswirken (Dumont et al., 2016). Ebenso trägt ein sicherer Aufenthaltsstatus maßgeblich zur erfolgreichen und raschen Arbeitsmarktintegration bei – auch, weil er entsprechende Signale an Arbeitgeber:innen sendet (Brücker et al., 2016; Spadarotto et al., 2014). Auch eine längere Aufenthaltsdauer im Aufnahmeland begünstigt die Integration über die Zeit (Worbs et al., 2016). Als Faustregel gilt: Je länger jemand (regulär) im Aufnahmeland aufhältig ist, desto höher die Wahrscheinlichkeit der Erwerbsintegration. Dies spiegeln sowohl die Menschen der rezenten Fluchtbewegung aus der Ukraine als auch Personen des Fluchtherbsts 2015 wider.

Besonders relevant für die Wahrscheinlichkeit der Erwerbsaufnahme sind gute Sprachkenntnisse in der Landessprache, was durch die erfolgreiche Teilnahme an Integrations- oder Sprachkursen gefördert werden kann (Brücker et al., 2016; Cebulla et al., 2010; Dumont et al., 2016). In Ballungszentren bzw. auf einem angespannten Arbeitsmarkt gewinnt dies an Bedeutung, da geflüchtete Arbeitssuchende in Konkurrenz mit

© Der/die Autor(en), exklusiv lizenziert an Springer Fachmedien Wiesbaden GmbH, ein Teil von Springer Nature 2026
J. Kohlenberger, *Refugee Talents: Betriebliche Integration von Geflüchteten*, https://doi.org/10.1007/978-3-658-49871-9_6

gering qualifizierten, anderen Migrant:innen oder Einheimischen stehen, deren Kenntnisse in der Landessprache besser sind.

Studien zeigen zudem einen positiven Einfluss der Teilnahme an Maßnahmen der Arbeitsmarkt- und Berufsberatung (Brücker et al., 2016). Besonders bei Frauen ist der Effekt ausgeprägt, jedoch nehmen diese im Vergleich mit Männern seltener an solchen Maßnahmen teil (Wetzel et al., 2018). Gründe dafür sind u. a. Betreuungspflichten und damit einhergehende Einschränkungen der Zeitressourcen, aber mitunter auch traditionelle Wertehaltungen und eine engere Fokussierung auf den häuslichen Bereich. Häufiger und intensiver Kontakt mit der länger ansässigen Bevölkerung (sowohl Einheimische als auch andere Migrant:innengruppen) kann den Arbeitsmarktintegrationsprozess dagegen beschleunigen (Brücker et al., 2016). Dies hängt zum einen mit den sozialen Brücken zusammen, die dadurch aufgebaut werden und – direkt oder indirekt – zu Jobangeboten führen können, aber auch mit Übungsmöglichkeiten der Landessprache, sodass die Sprachkompetenz über die Dauer steigt, was sich wiederum positiv auf die Erwerbsaufnahmewahrscheinlichkeit auswirkt.

Auch der individuelle Gesundheitszustand (Cebulla et al., 2010) sowie das Geschlecht (Prettenthaler et al., 2017) erweisen sich in Studien als relevante Einflussfaktoren. Negativ beeinflussen das Alter (Worbs et al., 2016; Prettenthaler et al., 2017) und ein unsicherer Aufenthaltsstatus (Brücker et al., 2016; Spadarotto et al., 2014) die Arbeitsmarktintegrationserfolge von Geflüchteten. Bildung und Arbeitserfahrung (Brücker et al., 2014; OECD, 2014; Cebulla et al., 2010), die vor dem Zuzug ins Aufnahmeland erworben wurden, haben auf den Integrationsprozess keinen eindeutigen Einfluss. Berufliche Qualifikationen bzw. ein hohes formales Bildungsniveau, die Geflüchtete ins Aufnahmeland mitbringen, führen somit nicht zwangsläufig zu einer erfolgreichen oder gar rascheren Integration in den Arbeitsmarkt. Insbesondere bei höherer Qualifikation ist ein entsprechendes Sprachniveau erforderlich, um die erworbenen Fähigkeiten auch tatsächlich einsetzen zu können. Zudem sind Positionen mit mittlerer oder hoher Qualifikation oft kommunikationsintensiver, sowohl schriftlich wie auch mündlich. Mit zunehmender Qualifikation und beruflichem Status im Herkunftsland können die Erwartungen an eine Arbeitsstelle steigen, was die Suche nach einer Beschäftigung zusätzlich erschwert. Auch die ggf. notwendige formale Anerkennung von im Ausland erworbenen Qualifikationen bzw. Nostrifikation spielt eine Rolle, da der Prozess in den deutschsprachigen Ländern ressourcen- und zeitintensiv ist. Insgesamt zeigt sich, dass der positive Einfluss eines Bildungsabschlusses aus dem Ausland auf die Wahrscheinlichkeit, eine Beschäftigung zu finden, eher begrenzt ist.

Ein im Aufnahmeland erworbener Bildungsabschluss hat jedoch eindeutig positiven Einfluss – selbst dann, wenn er mit einem ausländischen gleichwertig ist. Die Erfahrung zeigt, dass Arbeitgeber:innen inländische Bildungsabschlüsse gegenüber ausländischen bevorzugen und bei Letzteren häufig auch dann auf formale Anerkennung bestehen, wenn diese gesetzlich nicht vorgeschrieben ist.

Rascher Arbeitsmarktzugang entscheidend

Entscheidend für eine hoch bleibende Erwerbsorientierung und für den Integrationserfolg ist ein rascher Arbeitsmarktzugang. Eine Studie der Universität Stanford und der ETH Zürich zeigt eindrucksvoll, wie hoch die Kosten restriktiver Arbeitsmarktpolitik sind: Hätte Deutschland in den 1990ern den Arbeitsmarkt für Geflüchtete aus Ex-Jugoslawien nur sieben Monate früher geöffnet, so wären durch weniger Sozialausgaben und mehr Steuereinnahmen pro Jahr 40 Mio. € eingespart worden (Marbach et al., 2018). Wenn Flüchtlinge so rasch wie möglich arbeiten könnten, profitiert das Aufnahmeland nachhaltig davon. Zusätzlich werden Lebensperspektiven, das psychische und körperliche Wohlbefinden sowie das Humankapital der Geflüchteten positiv beeinflusst.

Nachgewiesen wurde dies anhand der Migrationsbewegung aus dem ehemaligen Jugoslawien in den Jahren 1999 und 2000. In diesem Zeitraum kamen mehrere tausend Geflüchtete nach Deutschland, jedoch unter unterschiedlichen gesetzlichen Rahmenbedingungen. Geflüchtete, die 1999 einreisten, mussten im Durchschnitt 19 Monate auf eine Arbeitserlaubnis warten. Aufgrund eines Gerichtsurteils und dadurch veränderter Gesetzeslage wurde diese Wartezeit im Jahr 2000 auf 12 Monate verkürzt. Diese Konstellation bietet somit ideale Bedingungen für eine vergleichende Analyse, da andere Einflussfaktoren wie Bildungsniveau, Durchschnittsalter der Geflüchteten oder wirtschaftliche Gesamtlage weitgehend konstant blieben – lediglich die Dauer bis zur Arbeitsmarkt-zulassung änderte sich.

Tatsächlich zeigt die Analyse klare Unterschiede zwischen den beiden Gruppen. Fünf Jahre nach ihrer Ankunft waren nur 29 % der Geflüch-teten, die 1999 eingereist waren und 19 Monate auf den Arbeitsmarkt-zugang warten mussten, beschäftigt. In der Vergleichsgruppe, also jenen Menschen, die nur 12 Monate auf eine Arbeitserlaubnis warten mussten, lag die Beschäftigungsquote nach fünf Jahren bei 49 %. Die erste Gruppe benötigte somit bis zu zehn Jahre, um ähnliche Erwerbsquoten zu errei-chen wie die zweite Gruppe.

Erklären lässt sich das mit dem sogenannten „Narbeneffekt" der Ar-beitslosigkeit. Je länger einer Person der Zugang zum Arbeitsmarkt ver-wehrt bleibt und sie in der Erwerbslosigkeit verharrt, desto ausgeprägter und nachhaltiger sinkt ihre Motivation für Jobsuche und Arbeitsaufnah-me. Auch nach Erhalt einer Arbeitserlaubnis steigt die zuvor gesunkene Motivation nicht sofort wieder an, sondern bleibt langfristig niedrig – zu-rück blieb bei der schlechter abschneidenden Vergleichsgruppe also eine metaphorische „Narbe". Die Studienergebnisse legen nahe, dass ungüns-tige Startbedingungen wie anfängliche Arbeitsverbote (rechtlich wie de facto) einen überproportionalen und langanhaltenden negativen Einfluss auf die spätere Erwerbsintegration von Geflüchteten haben. Den ersten Monaten nach Ankunft im Aufnahmeland kommt deshalb eine zentra-le Bedeutung zu, denn sie bestimmen maßgeblich den späteren Verlauf der Integrationsreise mit. Ein früher formaler Zugang zum Arbeitsmarkt, verbunden mit echten Chancen zur Erwerbsaufnahme, trägt maßgeblich zur raschen Erwerbsintegration bei.

Chancen geben, Barrieren abbauen

Somit zeigen sich ökonomische, soziale und sicherheitspolitische Ar-gumente für einen raschen Arbeitsmarktzugang geflüchteter Menschen. Auch die rechtliche Dimension darf nicht vergessen werden. Denn Art. 15 der EU-Aufnahmerichtlinie besagt, dass Asylwerbenden (in Deutschland Asylbewerber) spätestens neun Monate nach Antragstellung ein „ef-fektiver" Arbeitsmarktzugang zu gewähren ist – auch dann, wenn das Verfahren noch läuft bzw. noch keine erstinstanzliche Entscheidung vorliegt. Verstoßen EU-Mitgliedstaaten anhaltend gegen die Richtlinie, können Sanktionen, darunter auch Strafzahlungen oder Kürzung von EU-Fördermitteln, gesetzt werden.[1]

Aber auch darüber hinaus sind Arbeitsverbote mit hohen volkswirtschaftlichen Kosten verbunden, zusammengesetzt aus längerer Inanspruchnahme von Grundversorgung und Mindestsicherung, also höheren Staatsausgaben für die Unterstützung von Asylwerbenden und späteren Asylberechtigten bzw. subsidiär Schutzberechtigten, und entgangenen Steuereinnahmen durch verzögerte Erwerbsaufnahme. Zudem kann bestehender Fach- und Arbeitskräftemangel weitere volkswirtschaftliche Schäden verursachen, vor allem wenn er über längere Zeit anhält und damit Arbeitslosigkeit mit erzeugt. Das mag auf den ersten Blick widersprüchlich klingen, bedeutet ein Mangel doch, dass es zu wenige Arbeitskräfte gibt und nicht zu viele. Dabei darf aber nicht außer Acht gelassen werden, dass sich ein anhaltender Arbeitskräftemangel nicht nur auf die eigene, sondern auch auf davon abhängige Branchen auswirkt. Fehlen beispielsweise Mitarbeitende in der Produktion und muss diese somit zurückgefahren werden, sind davon in weiterer Folge auch Mitarbeiter:innen im Vertrieb, im Marketing oder im Handel betroffen. Somit kann ein Mangel an Fach- und Arbeitskräften in einem Beruf zu steigender Arbeitslosigkeit in anderen führen (Obermeier, 2014). Fehlt langfristig qualifiziertes Personal, kann das die gesamte Volkswirtschaft empfindlich stören. Insbesondere in ländlichen Regionen kann die durch Arbeitskräftemangel bedingte Arbeitslosigkeit zu Abwanderung führen, wenn Arbeitsplätze nicht besetzt werden können bzw. in weiterer Folge in davon abhängigen Berufen fehlen. Somit verlieren ländliche und meist bereits jetzt schon vom demografischen Wandel betroffene Gebiete weiter an Attraktivität, was langfristig deren wirtschaftliche und soziale Entwicklung hemmt.

Nicht nur volkswirtschaftlich, auch sozial und persönlich können die Folgekosten eines Arbeitsverbots für Geflüchtete hoch sein. Werden berufliche Kompetenzen, Fertigkeiten und Fähigkeiten über einen längeren Zeitraum nicht am Arbeitsmarkt eingesetzt, kann es zur Erosion des Hu-

---

[1] Richtlinie 2013/33/EU des Europäischen Parlaments und des Rates vom 26. Juni 2013 zur Festlegung von Normen für die Aufnahme von Personen, die internationalen Schutz beantragen (Neufassung), ABl. L180, S. 96–116 (2013). Abgerufen von https://eur-lex.europa.eu/LexUriServ/LexUriServ.do?uri=OJ:L:2013:180:0096:0116:DE:PDF.

mankapitals kommen. Man verlernt erworbenes Fachwissen ebenso wie handwerkliche Fertigkeiten, wenn sie nicht regelmäßig angewandt werden, genauso wie, siehe obige Studie, die Motivation zur Anwendung des Fachwissens und der Arbeitsaufnahme nachhaltig sinkt. Eine zeitlich stark verzögerte Arbeitsaufnahme bedeutet somit langfristig schlechtere Jobaussichten aufgrund eines sinkenden Kompetenzniveaus. Dies trifft auch auf bereits erworbene Kenntnisse in der Landessprache zu. Ebenso wenig außer Acht lassen sollte man den sozialen Aspekt. Arbeit ist nicht nur ein Mittel zum Lebensunterhalt, sondern auch ein zentraler Motor für soziale Integration. Der Arbeitsplatz kann ein Ort sein, an dem oben erläutertes Bridging Social Capital bzw. „soziale Brücken" entstehen (Ager & Strang, 2008), also soziale Verbindungen, die über das familiäre Umfeld und den engen Freundeskreis in der eigenen Community hinausgehen. Durch den Kontakt mit Kolleginnen und Kollegen entstehen neue Netzwerke, die den Integrationsprozess deutlich erleichtern. Zudem lernen Menschen in einem beruflichen Umfeld oft schneller und effektiver die Landessprache, neue Gebräuche und Gewohnheiten, die ein Indikator für kulturelle Integration sind. Die soziale Eingliederung in die Aufnahmegesellschaft wird durch raschen Arbeitsmarktzugang gefördert.

Somit sind Arbeitsverbote für Asylwerbende weder aus gesellschaftlicher noch aus sicherheitspolitischer Sicht sinnvoll. Insbesondere Jugendliche sollten möglichst frühzeitig, zum Beispiel durch eine Lehrausbildung, an den Arbeitsmarkt herangeführt werden, anstatt sie den ganzen Tag ohne Möglichkeit zur sinnvollen Tätigkeit und ohne Tagesstruktur sich selbst zu überlassen. Studien zeigen, dass sich schon alleine die Möglichkeit zur sinnvollen Beschäftigung positiv auf die psychosoziale Gesundheit und sogar auf die Traumabewältigung auswirkt (Warfa et al., 2012). Sie stärkt die Resilienz und persönliche Entwicklung und führt dazu, dass sich Jugendliche und junge Erwachsene als selbstwirksam und unabhängig wahrnehmen können. Gerade bei jungen Männern ist das wertvoll – eine Lehre oder Arbeitsaufnahme führt sie weg von der Straße oder öffentlichen Plätzen, wo sie von der Aufnahmegesellschaft als irritierend oder gar als Sicherheitsrisiko wahrgenommen werden, hin zur sozialen Eingliederung in eine Gemeinschaft von Kolleg:innen und Teammitgliedern.

Das Wiener Pilotprojekt der Jugend Colleges erfüllt genau diese Funktion. Sie sind als modular aufgebautes Bildungsprogramm konzipiert, das vom AMS Wien und der Stadt Wien gemeinsam organisiert wird. Als schulähnliches Angebot mit einem integrativen Ansatz umfasst es 32 Wochenstunden mit festem Stundenplan und läuft über etwa neun Monate (Interface, 2025). Das Programm gliedert sich in zwei Stufen. Zuerst werden Basic Kurse mit Fokus auf Alphabetisierung, Deutsch (A1–A2), Basisbildung in Mathematik, Englisch und EDV sowie erste Berufsorientierung absolviert. Im Anschluss geht es in die Advanced Kurse, die vertiefende Deutschkurse (B1–B2), Vorbereitung auf den Pflichtschulabschluss, Praktika und spezifische Berufsqualifizierung beinhalten. Ziel ist es, durch die Verknüpfung von Sprachförderung (bis Niveau B1) und schulischer Bildung den Integrationsprozess zu beschleunigen. Sozialpädagogische Begleitung ist fester Bestandteil des Konzepts (Stadt Wien, 2024). Sprachkurse werden mit Praxisphasen in Werkstätten (Technik, IT, Gastronomie) und schulischer Basisbildung kombiniert, ergänzt durch Zusatzangebote wie Betriebspraktika und Exkursionen. Die klare Tagesstruktur, die Jugendlichen dabei vorgegeben wird, ist ein indirekter Benefit des Programms. Erfolgserlebnisse vermitteln den Jugendlichen Freude am Lernen und stärken so ihre Bildungsmotivation und ihren Durchhaltewillen (Kohlenberger et al., 2025).

Literatur

Ager, A., & Strang, A. (2008). Understanding integration: a conceptual framework. *Journal of Refugee Studies, 21*(2), 166–191. https://doi.org/10.1093/jrs/fen016.

Brücker, H., Liebau, E., Romiti, A., & Vallizadeh, E. (2014). *Arbeitsmarktintegration von Migranten in Deutschland: Anerkannte Abschlüsse und Deutschkenntnisse lohnen sich.* IAB-Kurzbericht, 21.3/2014. https://doku.iab.de/kurzber/2014/kb2114_3.pdf. Zugegriffen: 10. August 2025

Brücker, H., Rother, N., & Schupp, J. (2016). *IAB-BAMF-SOEP-Befragung von Geflüchteten: Überblick und erste Ergebnisse.* Forschungsbericht 29. BAMF. https://www.bamf.de/SharedDocs/Anlagen/DE/Forschung/Forschungsberichte/fb29-iab-bamf-soep-befragung-gefluechtete.pdf?__blob=publicationFile&v=15. Zugegriffen: 15. August 2025

Cebulla, A., Daniel, M., Zurawan, A., Brown, V., Tipping, S., & Tomaszewski, W. (2010). *Spotlight on refugee integration: Findings from the Survey of New*

Refugees in the United Kingdom. Research Report 37. https://assets.publishing. service.gov.uk/media/5a7a1896ed915d6d99f5d1e1/horr37-report.pdf. Zugegriffen: 15. August 2025

Dumont, J.-C., Tanay, F., & Liebig, T. (2016). *How are refugees faring on the labour market in Europe?: A first evaluation based on the 2014 EU Labour Force Survey*. 2016/01(Working Paper). https://doi.org/10.2767/350756.

Interface (2025). *Start Wien College*. https://www.interface-wien.at/startwien-college-kurse/. Zugegriffen: 20. März 2025.

Kohlenberger, J., Rengs, B., Reichelt, S., Buber-Ennser, I., & Kalcher, H. (2025). *RECENT ARRIVALS IN AUSTRIA: Neue Geflüchtete aus Syrien am österreichischen Arbeitsmarkt*. AMS Forschungsberichte. Arbeitsmarktservice Österreich. https://forschungsnetzwerk.ams.at/dam/jcr:9845e25b-6a6a-4d26-a7d3-99e832a597f0/AMS_2025_Recent%20Arrivals_syrische %20Fluechtlinge_Arbeitsmarkt.pdf. Zugegriffen: 17. August 2025

Marbach, M., Hainmueller, J., & Hangartner, D. (2018). The long-term impact of employment bans on the economic integration of refugees. *Science Advances, 4*(9), eaap9519. https://doi.org/10.1126/sciadv.aap9519.

Obermeier, T. (2014). *Fachkräftemangel*. Bundeszentrale für politische Bildung (bpb). https://www.bpb.de/themen/arbeit/arbeitsmarktpolitik/178757/ fachkraeftemangel/. Zugegriffen: 12. August 2025

OECD (2014). *International Migration Outlook 2014*. Paris: OECD Publishing. https://doi.org/10.1787/migr_outlook-2014-en.

Prettenthaler, F., Janisch, D., Gstinig, K., Kernitzkyi, K., Kirschner, E., Klumer, V., Niederl, A., & Winkler, C. (2017). *Ökonomische Effekte von Asylberechtigten in Österreich*. Cartias & Du, Österreichisches Rotes Kreuz. https:// www.caritas.at/fileadmin/storage/global/document/News/OEkonomische_ Effekte_Asylberechtigter_Endbericht.pdf. Zugegriffen: 12. August 2025

Spadarotto, C., Bieberschulte, M., & Walker, K. (2014). *Erwerbsbeteiligung von anerkannten Flüchtlingen und vorläufig Aufgenommenen auf dem Schweizer Arbeitsmarkt*. Bundesamt für Migration.

Stadt Wien (2024). *Neues Jugendcollege Wien bereitet 5.000 Asylberechtigte auf Arbeitsmarkt vor*. https://www.ots.at/presseaussendung/OTS_20240207_O TS0061/neues-jugendcollege-wien-bereitet-5000-asylberechtigte-auf-arbeit smarkt-vor. Zugegriffen: 18. Aug. 2025.

Warfa, N., Curtis, S., Watters, C., Carswell, K., Ingleby, D., & Bhui, K. (2012). Migration experiences, employment status and psychological distress among Somali immigrants: A mixed-method international study. *BMC Public Health, 12*(1), 749. https://doi.org/10.1186/1471-2458-12-749.

Wetzel, P., Riesenfelder, A., Bergmann, N., Danzer, L., & Lechner, F. (2018). *Arbeitsmarktbeteiligung von asylberechtigten Frauen: Herausforderungen, Perspektiven, Chancengleichheit.* Arbeitsmarktservice Österreich. https://www. lrsocialresearch.at/wp-content/uploads/2024/03/EB_LR_Sozialforschung__ Arbeitsmarktbeteiligung_von_asylberechtigten_AMS_Kunden_innen.pdf. Zugegriffen: 13 August 2025

Worbs, S., Bund, E., & Böhm, A. (2016). *Asyl – Und dann? Die Lebenssituation von Asylberechtigten und anerkannten Flüchtlingen in Deutschland: BAMF-Flüchtlingsstudie 2014.* Forschungsbericht 28. Forschungszentrum Migration: Bundesamt für Migration und Flüchtlinge (BAMF). https://nbn-resolving. org/urn:nbn:de:0168-ssoar-67872-0. Zugegriffen: 17. August 2025

7

Flucht und Geschlecht –
Die Arbeitsmarktintegration
geflüchteter Frauen

Während im Jahr 2015 und seinen Folgejahren mehr geflüchtete Männer als Frauen in Europa ankamen (Marik-Lebeck & Wisbauer, 2017), bilden letztere mittlerweile eine zunehmend größere Gruppe, auch aufgrund der Familienzusammenführung, die die bereits im Land lebenden Ehemänner für sie (und ihre Kinder) beantragt haben. Zwar treffen fluchtspezifische Herausforderungen auf geflüchtete Arbeitnehmer:innen beiderlei Geschlechts zu, dennoch sehen sich geflüchtete Frauen mit zusätzlichen Barrieren konfrontiert, die mit ihrem Geschlecht und sozialen Status zusammenhängen. Die stärkere Konzentration auf Familien- und Kinderbetreuungspflichten und das meist schwache soziale Netz im Aufnahmeland (keine Großeltern oder andere Verwandte, die in der Care Arbeit einspringen können) machen es für geflüchteten Frauen schwieriger, die Landessprache zu lernen und eine dauerhafte Beschäftigung zu finden.

Im Fluchtkontext zeichnen sich Frauen oft durch eine hohe Vulnerabilität sowie eine hohe, der Migration nachgelagerte Fertilität aus (sogenannter „Arrival Effect", siehe dazu Kohlenberger et al., 2023a). Etwa 50 % der zwischen 2015 und 2019 nach Österreich gekommenen syrischen Frauen zwischen zwanzig und dreißig Jahren haben innerhalb von drei Jahren nach ihrer Ankunft ein Kind geboren (Kohlenberger et al.,

© Der/die Autor(en), exklusiv lizenziert an Springer Fachmedien Wiesbaden GmbH, ein Teil von Springer Nature 2026
J. Kohlenberger, *Refugee Talents: Betriebliche Integration von Geflüchteten*, https://doi.org/10.1007/978-3-658-49871-9_7

2019). Das Durchschnittsalter lag dabei bei 28 Jahren und somit etwa zwei bis drei Jahre unter jenem österreichischer Mütter. Folgerichtig lassen sich deutliche Unterschiede in der Familienstruktur nach Geschlecht beobachten: Geflüchtete Frauen aus Syrien und Afghanistan, die in Österreich leben, sind häufiger als Männer alleinerziehend und leben seltener allein. Die erhöhte Geburtenrate nach Ankunft bedeutet auch eine zeitlich verzögerte Integration, da schwangere Frauen beziehungsweise Mütter dem Arbeitsmarkt während Mutterschutz und Elternzeit für die erste Zeit nach ihrer Ankunft nicht zur Verfügung stehen. Hinzu kommen mit der Sorgearbeit verbundene zusätzliche Belastungen.

Dreifach benachteiligt

Aus dieser Gemengelage folgt, dass der gesamte Integrationsprozess geflüchteter Frauen von einer Reihe spezifischer Herausforderungen geprägt ist. Die Migrationsexperten der OECD, Thomas Liebig und Kristian Tronstadt (2018) sprechen in diesem Zusammenhang von einem *triple disadvantage*, also einem dreifachen Nachteil. Geflüchtete Frauen sind bei ihrer Erwerbsintegration gleichzeitig mit Hindernissen konfrontiert, die mit (1) ihrer Migration und damit verbundener Akkulturation, (2) ihrem Geschlecht und (3) ihrer Flucht und dadurch bedingten Zwangserfahrungen zusammenhängen. Dies bedeutet, dass sich mehrere Herausforderungen kumulieren, was die Integration schwieriger und tendenziell langwieriger als jene der Männer oder die der regulären Migrantinnen macht. Zu den Herausforderungen zählen mangelnde Sprachkenntnisse und Beschäftigung in Positionen, die unter ihren Qualifikationen liegen, körperliche und psychische Gesundheitsprobleme, Schwierigkeiten bei der Anerkennung ihrer Ausbildung und Berufserfahrung sowie ein Mangel an sozialen und beruflichen Netzwerken im Aufnahmeland.

Dazu kommt, dass Frauen generell und migrantische bzw. geflüchtete Frauen im Besonderen mehrfach auf struktureller sowie individueller Ebene diskriminiert (Intersektionalität) und einer Mehrbelastung ausgesetzt sind (Perchinig & Bilger, 2022). Viele geflüchtete Frauen sind für die Sorgearbeit und Kinderbetreuung hauptverantwortlich und haben kaum oder keine Ausweichmöglichkeiten, weil ihre Großfamilie im Ausland lebt. Gleichzeitig besteht in vielen westlichen Aufnahmeländern, so auch in Österreich, ein Mangel an ganztägigen Kinderbetreuungsplätzen, vor allem im ländlichen Raum. Aufgrund der stärkeren Einbindung in familiäre Angelegenheiten sind oft auch die sozialen Kontakte geflüchteter Frauen außerhalb der Familie bzw. der eigenen Community begrenzt (Kohlenberger et al., 2021; Baumgartner et al., 2023; Baumgartner et al., 2025). Somit ist es wenig überraschend, dass die Erwerbsquote von Frauen hinter jener von Männern zurückliegt (Baumgartner et al., 2021, 2023, 2025) und hinter jener einheimischer Frauen (Statistik Austria, 2021). Sind geflüchtete Frauen in Beschäftigung, so verdienen sie in der Regel weniger als die beiden anderen Gruppen. Aufgrund von Betreuungspflichten sind flexible Arbeitsmodelle unter geflüchteten Frauen besonders nachgefragt. Gleichzeitig aber sind Teilzeitjobs im gering qualifizierten Bereich oft nicht ausreichend für finanzielle Unabhängigkeit und führen oft zu De-Qualifikation (Schönherr et al., 2022).

Diese ernüchternden Befunde stehen im Spannungsverhältnis zur Tatsache, dass die weltweite Migration qualifizierter Frauen seit 1990 um 150 % zugenommen hat; heute machen sie mehr als die Hälfte der qualifizierten Personen mit Migrationshintergrund insgesamt aus (Kerr, 2019). Hierbei muss jedoch beachtet werden, dass die Bildungsabschlüsse von geflüchteten Frauen im Allgemeinen stärker polarisiert sind als jene der Männer: Es gibt unter ihnen mehr Personen, die keinen formalen Bildungsabschluss haben, aber auch mehr Hochqualifizierte als unter den geflüchteten Männern. Zur ersteren Gruppe gehören beispielsweise viele Frauen aus Afghanistan, was u. a. auf den im Taliban-Regime nicht gegebenen Bildungszugang für Mädchen zurückzuführen ist. Da unter Geflüchteten der letzten Jahre der Alphabetisierungsbedarf in der Erstsprache und auf Deutsch gestiegen ist, führt die fehlende formale Bildungserfahrung zu zusätzlichen Herausforderungen. Viele Frauen haben, salopp formuliert, das „Lernen nie gelernt". Dementsprechend groß ist die Herausforderung der „Einschulung" für neu angekommene, niedrig gebildete Frauen. Frauen mit höheren Qualifikationen verzeichnen im Laufe der Zeit zwar einen deutlicheren Beschäftigungszuwachs als geringqualifizierte, doch auch sie sind von De-Qualifikation betroffen und arbeiten häufig in prekären Positionen, für die sie überqualifiziert sind, hauptsächlich im Sozial- und Dienstleistungssektor (Liebig & Tronstadt, 2018).

Geschlechtsspezifische Risikofaktoren

Die trotz hoher Bildung schleppende, von De-Qualifikation geprägte Erwerbsaufnahme qualifizierter geflüchteter Frauen zeigt sich exemplarisch anhand der seit Frühling 2022 nach Europa geflüchteten Ukrainerinnen. Vor allem jene Frauen, die in westeuropäische Aufnahmeländer wie Österreich oder Deutschland flohen, zeichnen sich durch einen hohen Akademikerinnenanteil, am Arbeitsmarkt gefragte Qualifikationen und fundierte Berufserfahrung aus (Kohlenberger et al., 2023b). Da jedoch die meisten von ihnen mit (kleinen) Kindern, manche auch mit den pflegebedürftigen Eltern, flohen, stellen damit verbundene Betreuungspflichten bei gleichzeitig fehlendem sozialen oder familiären Netz eine wesentliche Hürde für ihre (Voll-)Erwerbstätigkeit dar, ebenso wie mit den Kindern verbundene Sorgen und Trennungsängste (Kohlenberger et al., 2023a; Mazal et al., 2022). Auch aufgrund des dadurch entstandenen ökonomischen Drucks wurden unter ukrainischen Vertriebenen Zwangssituationen und sexuelle Gegenleistungen für Hilfeleistungen dokumentiert, häufig im Bereich der privaten Unterbringung (Heilemann, 2023). Das in qualifizierten Berufen notwendige hohe Sprachniveau in der Landessprache bedeutet in der Praxis eine schwer überwindbare Barriere für rasche und qualifikationsadäquate Erwerbsaufnahme.

Andere Herkunftsgruppen von geflüchteten Frauen wiederum sind mit der gegenteiligen Herausforderung konfrontiert: Ihre niedrige oder nicht existente formale Bildung paart sich mit fehlender Arbeitserfahrung im Herkunftsland. Gerade unter neu angekommenen Frauen aus dem Mittleren Osten und Afrika, vor allem jenen, die mittels Familienzusammenführung gekommen sind, waren viele im Haushalt tätig (Baumgartner et al., 2025). Familiäre Verantwortung und traditionelle gesellschaftliche Normen, denen sie sich verpflichtet sehen, können zusätzlich hemmend wirken. Wesentlich ist hier der ökonomische Aspekt: Wenn die Haushaltskosten durch die Arbeit des Mannes gedeckt werden, sehen manche geflüchtete Familien keine Notwendigkeit für die Erwerbstätigkeit der Frau. Damit ist die Möglichkeit, dass Frauen nicht arbeiten „müssen", auch als Statusmarker zu verstehen und hat neben wirtschaftlichen Gründen auch kulturell-soziale (Kohlenberger et al., 2025).

Studien im europäischen Kontext zeigen zudem, dass Migrantinnen im Vergleich zu einheimischen Frauen eine geringere Lebenszufriedenheit aufweisen (Weiss, 2003) und ältere Migrantinnen im Vergleich zur autochthonen Bevölkerung ein schlechteres gesundheitliches Wohlbefinden haben (Özlü-Erkilic et al., 2015). Dieser Effekt ist unter Fluchtmigrantinnen oft noch stärker ausgeprägt. Durch geschlechtsspezifische Gewalt, einschließlich – aber nicht beschränkt auf – Vergewaltigung und sexuelle Übergriffe, entwickeln vor allem weibliche Geflüchtete psychische und somatische Störungen, die zu nachhaltigen gesundheitlichen Einschränkungen führen können (Paras et al., 2009). In der Regel weisen Frauen einer Fluchtkohorte höhere Raten an Depressionen und Angstzuständen auf als Männer (Kohlenberger et al., 2019). Auch Traumafolgestörungen sind häufig, treten aber in der Regel zeitlich verzögert zur Ankunft im Aufnahmeland auf und äußern sich unter anderem durch somatische Symptome, deren Zuordnung eine Herausforderung für Ärzt:innen darstellen kann, vor allem, wenn flächendeckende Dolmetscher:innendienste fehlen (Küey, 2015). Viele Frauen machten Gewalterfahrungen im Kriegsland oder auf der Flucht, darunter vor allem Vergewaltigung und Erpressung. Das kann die Vertrauensbildung zu Behörden oder Hilfsorganisationen im sicheren Aufnahmeland beeinträchtigen. Klassische Postmigrationsstressfaktoren, wie unsichere Zukunftsperspektiven und fehlender Kontakt zur Herkunftsfamilie in der Heimat, machen sich bei Frauen oft besonders deutlich bemerkbar. Viele Frauen aus Somalia und Eritrea sind überdies von weiblicher Genitalbeschneidung betroffen, was wiederum seelische Belastungen bedingen kann (Schouler-Ocak & Kurmeyer, 2017). Prekäre Wohnverhältnisse und Abhängigkeiten vom Ehemann können bestehende Symptome verstärken oder chronische Erkrankungen verschlimmern.

Auch aufgrund einer belasteten seelischen und körperlichen Gesundheit, des Akkulturationsstresses und der Isolation im Aufnahmeland ist für viele geflüchtete Frauen ihre religiöse Identität besonders wichtig; das Abnehmen des Kopftuchs am Arbeitsplatz stellt keine Option für sie dar. Viele Arbeitgeber:innen erwarten dies aber, auch wenn es nicht offen ausgesprochen wird. Diskriminierung aufgrund des Kopftuchs ist somit nicht selten, auch dadurch bedingte rassistische Übergriffe am Arbeitsplatz oder im öffentlichen Raum werden häufig von geflüchteten Frauen berichtet (Kohlenberger et al., 2022).

Multiplikatorinnen der Integration
Dennoch kommt es bei vielen Frauen, die in westliche Aufnahmeländer geflüchtet sind, zu einem erlebten Zugewinn an Eigenverantwortung, Selbstständigkeit und persönlichen Entfaltungsmöglichkeiten (Kohlenberger et al., 2021, S. 8) durch vorhandene Bildungs- und Berufschancen. Geflüchtete Frauen in Österreich profitieren überdurchschnittlich von informellen und niederschwelligen Integrationsangeboten. Oft erfüllen sie zudem eine Wirkung als „Multiplikatorinnen der Integration" (Kohlenberger et al., 2023a) aufgrund ihrer Rolle als Vermittlerinnen für Wohlbefinden, Bildungserfolg und das soziale Kapital ihrer Kinder und Familien. In Bezug auf die Sorgearbeit von Frauen zeigt sich ein ambivalenter Effekt. Einerseits verringert die Intensität der Arbeit die Kontakte, auf der anderen Seite können Frauen durch die Kinder und deren Einbindung in Bildungsinstitutionen, aber auch Freundschaften zu einheimischen Kindern vermehrt Kontakte in deutscher Sprache aufweisen.

Von einer höheren Erwerbsquote profitieren nicht nur geflüchtete Frauen selbst, indem ihnen Selbstständigkeit und wirtschaftliche Unabhängigkeit ermöglicht wird, sondern auch die Unternehmen, die sie einstellen, und die gesamte Wirtschaft. Schließt man die geschlechtsspezifische Lücke bei Beschäftigung und Verdienst in allen der dreißig wichtigsten Aufnahmeländer weltweit, würden allein geflüchtete Frauen mindestens fünf Milliarden Euro zum weltweiten BIP beitragen (Kabir & Klugman, 2019). Eine höhere Erwerbsbeteiligung von geflüchteten Frauen kann zudem dem Arbeitskräftemangel entgegenwirken und Unternehmen helfen, dank einer vielfältigeren Belegschaft langfristig innovativer und wettbewerbsfähiger zu werden.

Empfehlungen für Unternehmen
- Festlegung von geschlechterinklusiven Zielen und Förderung einer integrativeren Unternehmenskultur durch Ermöglichung von Vielfalt und

Integration; Ausbau des Angebots an Schulungsprogrammen, um geschlechtsspezifischen Vorurteilen entgegenzuwirken.
- Inklusives Recruiting durch geschlechtsneutrale Formulierungen in Stellenbeschreibungen und Maßnahmen zum Abbau von Vorurteilen während des Einstellungsverfahrens.
- Weiterführende Förderung von Frauen nach deren Einstellung, etwa durch Entwicklung von Maßnahmen am Arbeitsplatz, die auf die Bedürfnisse geflüchteter Frauen eingehen, wie z. B. flexible Karrierewege, Job-Coaching und Sprachkurse. Die direkten Kosten dafür amortisieren sich schnell.
- Zusammenarbeit mit externen Partnern für Schulungen, die auf die spezifischen Bedürfnisse von Unternehmen und geflüchteten Frauen ausgerichtet sind.
- Offenheit für kulturelle Prägungen. Themen wie Kopftuch oder Kleidervorschriften sollten transparent, aber respektvoll thematisiert werden. Bei Mitarbeiterinnen im Front Office Bereich, die Arbeitskleidung tragen müssen, kann z. B. das Design eines ergänzenden Kopftuchs, das zur Uniform passt, überlegt werden.
- Geflüchtete Frauen sind keine Opfer: Statt auf Vulnerabilitäten und Defizite zu fokussieren, dürfen und müssen im Arbeitskontext Ressourcen und Fähigkeiten im Zentrum stehen. Ermutigung durch Erfolgserlebnisse, Lob und Anerkennung schaffen dabei mehr als ungefragte oder übertriebene Hilfsangebote.

Literatur

Baumgartner, P., Palinkas, M., Rudenko, R., & Bilger, V. (2021). *Arbeitsmarktintegration junger Geflüchteter in Österreich*. International Centre for Migration Policy Development (ICMPD). https://www.icmpd.org/file/download/562 64/file/Arbeitsmarktintegration%2520junger%2520Gefl%25C3%25BCch teter%2520in%2520%25C3%2596sterreich.%2520Forschungsbericht%25 20der%2520vierten%2520Welle%2520des%2520FIMAS-Surveys_FIMAS %252BYOUTH.pdf. Zugegriffen: 12. Aug. 2025.

Baumgartner, P., Palinkas, M., & Bilger, V. (2023). *Arbeitsmarktintegration geflüchteter Frauen in Österreich. Ergebnisse der fünften Welle des FIMAS-Surveys: FIMAS+Frauen*. International Centre for Migration Policy Development (ICMPD). https://www.icmpd.org/file/download/59134/file/FIMAS-Arbeitsmarktintegration%2520gefl%25C3%25BCchteter%2520Frauen.pdf. Zugegriffen: 17. August 2025

Baumgartner, P., Röttiger, S., & Bilger, V. (2025). *Familiennachzug und Integration. Auswertung des FIMAS-Surveys.* International Centre for Migration Policy Development (ICMPD). https://www.integrationsfonds.at/fileadmin/content/AT/monitor/Familiennachzug_und_Integration.pdf. Zugegriffen: 17. August 2025

Heilemann, S. (2023). *Vertriebene aus der Ukraine in Österreich. Risikofaktoren im Bereich des Wohnens [Umfragebericht].* Internationale Organisation für Migration (IOM). https://www.integrationsfonds.at/fileadmin/content/AT/monitor/IOM_Umfragebericht_Vertriebene_aus_der_Ukraine_in_AT.pdf. Zugegriffen: 10. August 2025

Kabir, R., & Klugman, J. (2019). *Unlocking Refugee Women's Potential: Closing Economic Gaps to Benefit All.* International Rescue Committee and Georgetown Institute for Women, Peace and Security. https://giwps.georgetown.edu/wp-content/uploads/2019/07/Unlocking-Refugee-Womens-Potential.pdf. Zugegriffen: 14. August 2025

Kerr, W. R. (2019). *The Gift of Global Talent: How Migration Shapes Business, Economy & Society.* Stanford Business Books, an imprint of Stanford University Press.

Kohlenberger, J., Buber-Ennser, I., Rengs, B., Leitner, S., & Landesmann, M. (2019). Barriers to health care access and service utilization of refugees in Austria: Evidence from a cross-sectional survey. *Health Policy, 123*(9), 839–933. https://doi.org/10.1016/j.healthpol.2019.01.014.

Kohlenberger, J., Heyne, S., Rengs, B., & Buber-Ennser, I. (2021). *Women's Integration Survey. Inklusion, Teilhabe und Enablement geflüchteter Frauen in Österreich.* Arbeitsmarktservice Österreich. https://forschungsnetzwerk.ams.at/dam/jcr:b0297be1-aced-41c4-93b0-0491a285c10f/2021_Forschungsbericht_WIS_August_2021_Kohlenberger_et_al.pdf. Zugegriffen: 15. August 2025

Kohlenberger, J., Heyne, S., Rengs, B., & Buber-Ennser, I. (2022). *Soziale Inklusion geflüchteter Frauen: Zur Rolle der Familie und Familienarbeit* (1. Aufl.). Nomos.

Kohlenberger, J., Rengs, B., & Buber-Ennser, I. (2023a). Nuclear family and social capital of refugees in Austria. *International Migration, 61*(1), 220–238. https://doi.org/10.1111/imig.13073.

Kohlenberger, J., Buber-Ennser, I., Pędziwiatr, K., Rengs, B., Setz, I., Brzozowski, J., Riederer, B., Tarasiuk, O., & Pronizius, E. (2023b). High self-selection of Ukrainian refugees into Europe: Evidence from Kraków and Vienna. *PLOS ONE, 18*(12), e279783. https://doi.org/10.1371/journal.pone.0279783.

Kohlenberger, J., Rengs, B., Reichelt, S., Buber-Ennser, I., & Kalcher, H. (2025). *RECENT ARRIVALS IN AUSTRIA: Neue Geflüchtete aus Syrien am österreichischen Arbeitsmarkt. Endbericht.* Arbeitsmarktservice Österreich. https://fo rschungsnetzwerk.ams.at/dam/jcr:9845e25b-6a6a-4d26-a7d3-99e832a597f 0/AMS_2025_Recent%20Arrivals_syrische%20Fluechtlinge_Arbeitsmarkt. pdf. Zugegriffen: 12. August 2025

Liebig, T., & Tronstad, K. R. (2018). *Dreifach benachteiligt?: Ein erster Überblick über die Integration weiblicher Flüchtlinge.* OECD Social, Employment and Migration Working Papers, 216. https://doi.org/10.1787/3f3a9612-en.

Marik-Lebeck, S., & Wisbauer, A. (2017). Flüchtlingsmigration im Spiegel der Bevölkerungsstatistik. *Statistische Nachrichten, 2017*(4), 268–275.

Mazal, W., Dörfler-Bolt, D. S., Kaindl, D. M., & Baierl, D. A. (2022). *Aktuelle Situation und Zukunftsperspektiven von Ukraine-Vertriebenen in Österreich.* Befragung des Österreichischen Instituts für Familienforschung an der Universität Wien. https://www.integrationsfonds.at/fileadmin/content/AT/monitor/ MAZAL_Studie_Ukraine.pdf. Zugegriffen: 11. Aug. 2025.

Küey, L. (2015). The role of stigma. In Schouler-Ocak, M. (Hrsg.), *Trauma and migration. Cultural factors in the diagnosis and treatment of traumatised immigrants* (S. 57–68). Springer. https://doi.org/10.1007/978-3-319-17335-1.

Özlü-Erkilic, Z., Winkler, D., Popow, C., Zesch, H. E., & Akkaya-Kalayci, T. (2015). A comparative study of Turkish-speaking migrants and natives living in Vienna/Austria concerning their life satisfaction – with a particular focus on satisfaction regarding their health. *International Journal of Migration, Health and Social Care, 11*(3), 206–217. https://doi.org/10.1108/IJMHSC-05-2013-0005.

Paras, M. L., Murad, M. H., Chen, L. P., Goranson, E. N., Sattler, A. L., Colbenson, K. M., Elamin, M. B., Seime, R. J., Prokop, L. J., & Zirakzadeh, A. (2009). Sexual abuse and lifetime diagnosis of somatic disorders: a systematic review and meta-analysis. *JAMA, 302*(5), 550–561. https://doi.org/10.1001/ jama.2009.1091.

Perchinig, B., & Bilger, V. (2022). *Arbeitsmarktintegration von geflüchteten Frauen in Österreich, Deutschland und Norwegen.* International Centre for Migration Policy Development (ICMPD). https://www.icmpd.org/file/download/ 57782/file/FARIM_Report%25202022.pdf. Zugegriffen: 17. August 2025

Schönherr, D., Zandonella, M., & Glaser, H. (2022). *Kolleginnen und Kollegen mit anderen Staatsangehörigkeiten als der österreichischen am Arbeitsmarkt – Zwischen Systemrelevanz und Exklusion: Erwerbssituation, Arbeitszufriedenheit und Diskriminierung in der Arbeit.* Arbeiterkammer Wien. https://www.arbei terkammer.at/interessenvertretung/arbeitundsoziales/arbeitsmarkt/SORA_S tudie_2022..pdf. Zugegriffen 10. August 2025

Schouler-Ocak, M., & Kurmeyer, C. (2017). *Repräsentative Untersuchung von geflüchteten Frauen in unterschiedlichen Bundesländern in Deutschland [Abschlussbericht].* Charité – Universitätsmedizin Berlin. https://female-refugee-study. charite.de/fileadmin/user_upload/microsites/beauftragte/frauenbeauftragte/ Projekte/W4W_und_RunderTisch/Abschlussbericht_Final_-1.pdf. Zugegriffen: 13. August 2025

Statistik Austria (2021). *Migration und Integration.* https://www.statistik.at/ fileadmin/publications/Migration_und_Integration_2021.pdf. Zugegriffen: 10. Aug. 2025.

Weiss, R. (2003). *Macht Migration krank? Eine transdisziplinäre Analyse der Gesundheit von Migrantinnen und Migranten* (2. Aufl.). Seismo.

8

Erwerbsaufnahme ukrainischer Vertriebener in Europa: Durch hohe Bildung zu schnellerer Integration?

Nach anfänglich schleppend verlaufender Erwerbsaufnahme lässt sich ab Ende 2023 ein deutlicher Anstieg der Integration vertriebener Ukrainer:innen in die Arbeitsmärkte der EU konstatieren. Ende 2024 lag der Anteil der Erwerbstätigen bereits bei durchschnittlich 30 % bis 40 % (Tkalych et al., 2023; UNHCR, 2023; Kosyakova et al., 2024). Zwar ist die Arbeitsmarktintegration der ukrainischen Vertriebenen hinter den teils überzogenen Erwartungen im Jahr 2022 zurückgeblieben, die angesichts ihres durchgehend hohen Bildungsniveaus getroffen wurden. Jedoch sind ihre Erwerbsquoten unter Berücksichtigung, dass die Mehrheit der Vertriebenen Frauen mit (kleinen) Kindern sind (was ihre Vollzeitbeschäftigung erschwert), im Vergleich zur Erwerbstätigkeit von Frauen aus anderen Fluchtkohorten vergleichsweise hoch. So waren beispielsweise nur rund 5 % aller erwerbsfähigen geflüchteten Frauen, die zwischen 2014 und 2017 vorrangig aus Syrien und Afghanistan nach Deutschland gekommen waren, zwei Jahre nach ihrer Ankunft erwerbstätig (Brücker et al., 2020).

© Der/die Autor(en), exklusiv lizenziert an Springer Fachmedien Wiesbaden GmbH, ein Teil von Springer Nature 2026

J. Kohlenberger, *Refugee Talents: Betriebliche Integration von Geflüchteten*, https://doi.org/10.1007/978-3-658-49871-9_8

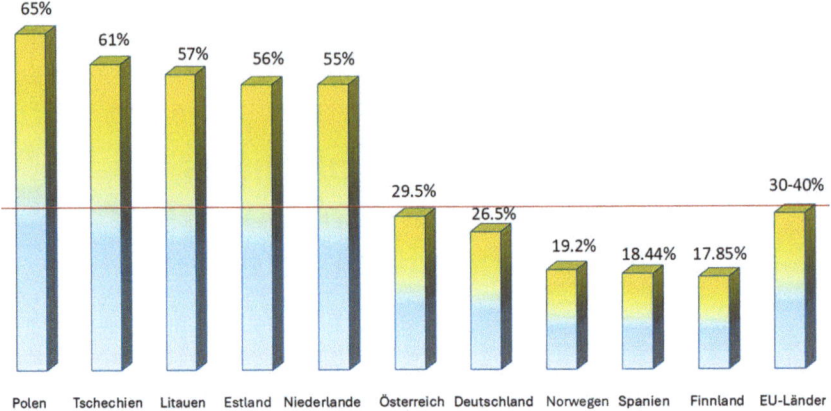

Abb. 8.1 Beschäftigungsquoten vertriebener Ukrainer:innen in Ländern der EU im Jahr 2023 (in %). (Quellen: Kosyakova et al., 2024; Tkalych et al., 2023; UNHCR & Deloitte, 2024; Červenka, 2024; IOM, 2024. Erstellt von Oksana Denys nach Kohlenberger & Denys, 2025.)

Obgleich die Datenlage zur Erwerbstätigkeit von Ukrainer:innen je nach Land erheblich variiert, lassen sich nach drei Jahren Krieg Beschäftigungstrends sowie regionale Unterschiede identifizieren (Abb. 8.1).[1]

Derzeit ist die Beschäftigungsquote ukrainischer Vertriebener am niedrigsten in den westeuropäischen und am höchsten in den osteuropäischen Ländern der EU (Tkalych et al., 2023). Die höhere Beschäftigungsquote in den osteuropäischen Ländern lässt sich sowohl durch kulturelle Faktoren – Sprachkenntnisse und Ähnlichkeit der Landessprachen, Präsenz der ukrainischen Diaspora bereits vor Kriegsausbruch und bestehende berufliche Kontakte –, als auch durch die politische Ausrichtung dieser Länder auf die rasche Arbeitsmarktintegration der Vertriebenen erklären. Beispielsweise führte in Polen die unbürokratische Anerkennung beruflicher Ausbildungen zur rascheren Erwerbsaufnahme. Infolgedessen verlief der Integrationsprozess vertriebener Ukrainer:innen in den polnischen Arbeitsmarkt vergleichsweise schnell. Bereits im Mai 2022 lag ihre Beschäftigungsquote bei 28 %, im November 2022 betrug sie 65 % (UNHCR & Deloitte, 2024). Ende 2022 zahlten in Polen arbeitende

---

[1] Die folgenden Abschnitte basieren auf Kohlenberger & Denys (2025).

Ukrainer:innen bereits dreimal so viele Steuern wie der Staat für ihre Unterstützung ausgegeben hatte (Kohlenberger & Denys, 2025). Jedoch zeigen Studien, dass die hohe Beschäftigungsquote in den osteuropäischen Ländern in erheblichem Maße davon abhing, ob Vertriebene zu Beginn des Krieges bereit waren, unter ihrem Qualifikationsniveau zu arbeiten, was mit wenig Sprachkenntnissen möglich war. Der Anteil der ukrainischen Beschäftigten war deshalb in Ländern mit hoher Nachfrage nach geringqualifizierten Arbeitskräften von Anfang an höher (Kosyakova et al., 2024).

Im Gegensatz zu den osteuropäischen Ländern blieb die Beschäftigungsquote der Ukrainer:innen in den westeuropäischen Ländern nach einem Jahr Aufenthalt niedrig und begann erst nach 2023 zu steigen. Der Hauptunterschied besteht im oben erwähnten „language first"-Ansatz der westeuropäischen Länder (Kap. 5), was langfristig bessere Arbeitsmarktchancen eröffnet. Im direkten Vergleich war die Beschäftigungsquote in den westeuropäischen Ländern der EU zwar niedriger, aber der Anteil der Ukrainer:innen, die entsprechend ihrer Qualifikation arbeiteten, war höher. Umgekehrt gaben Ukrainer:innen in Osteuropa häufiger als in Westeuropa „niedrig qualifizierte Arbeit" und „gering bezahlte Arbeit" als Hauptprobleme bei der Arbeitssuche an (Tkalych et al., 2023).

Ukrainische Vertriebene können also sowohl eine Herausforderung als auch ein positiver Wirtschaftsfaktor für die aufnehmenden Länder sein, besonders angesichts des steigenden Arbeitskräftebedarfs. Zu berücksichtigen sind dabei drei zentrale Herausforderungen, die in besonderer Weise auf die Gruppe der ukrainischen Geflüchteten zutreffen und sie von anderen Fluchtkohorten unterscheiden.

Herausforderung 1: Temporärer Schutz vs. dauerhafter Aufenthalt

Ukrainische Vertriebene beantragten in der EU kein Asyl, sondern erhielten sogenannten „temporären Schutz" unter der Massenzustromrichtlinie, die die EU-27 unmittelbar nach Beginn der russischen Aggression aktivierten. Im Rahmen des so ermöglichten temporären Schutzes erhielten vertriebene Ukrainer:innen sofortige Aufenthaltserlaubnis und Zugang zu Arbeitsmarkt, Wohnraum, medizinischer Versorgung und Bildung. Sie dürfen ihr Heimatland ohne Verlust des Schutzstatus besuchen und das Aufnahmeland innerhalb der EU wechseln.

Anfänglich auf zwei Jahre begrenzt, wurde der temporäre Schutzstatus mittlerweile mehrmals um jeweils ein Jahr verlängert. Die damit einhergehende fehlende Planungssicherheit erschwert jedoch die Beschäftigungsmöglichkeiten für Vertriebene erheblich. Viele Arbeitgeber:innen zögern, langfristige Verträge mit Personen abzuschließen, die nur über einen begrenzten Aufenthaltstitel verfügen. Einige Länder ermöglichen deshalb bereits den Wechsel auf einen permanenten Aufenthaltstitel. So schuf Polen den unbürokratischen Übergang in eine Aufenthaltserlaubnis von bis zu drei Jahren für jene Ukrainer:innen, die zum Zeitpunkt der Antragstellung temporären Schutz in Polen genossen, und zwar ununterbrochen für 365 Tage (Kohlenberger & Denys, 2025). Österreich erlaubte ab Oktober 2024 jenen ukrainischen Vertriebenen, die bestimmte Kriterien erfüllen (darunter mehr als ein Jahr Beschäftigung mit vollem Gehalt, einen Arbeitsplatz über einem bestimmten Einkommensniveau und einen Mietvertrag), auf die sogenannte „Rot-Weiß-Rot-Karte Plus" für qualifizierte Arbeitskräfte umzusteigen. Dennoch sind dies nur nationale Einzelmaßnahmen, denn an einer harmonisierten Lösung für den dauerhaften Aufenthalt ukrainischer Vertriebener in der EU fehlt es weiterhin. Bei Weitem nicht alle Vertriebenen erfüllen die Anforderungen für den Erhalt anderer, nationaler Aufenthaltserlaubnisse, gleichzeitig ist ihre Rückkehr in die Ukraine auf absehbare Zeit nicht möglich.

Herausforderung 2: Sprachbarrieren
Obwohl auch andere Flüchtlingsgruppen auf (anfängliche) Sprachbarrieren treffen, ist ihr negativer Effekt auf die Beschäftigungswahrscheinlichkeit von ukrainischen Vertriebenen besonders ausgeprägt, da aufgrund ihrer hohen Bildungsstruktur umfassende Kenntnisse der Landessprache notwendig sind, um diese adäquat am Arbeitsmarkt einsetzen zu können. Das wird durch Studien widergespiegelt, die zeigen, dass ukrainische Vertriebene in Ländern mit sprachlicher Ähnlichkeit zur ukrainischen Sprache (z. B. Polen) oder in Ländern mit hohem Englischniveau der Wohnbevölkerung (z. B. Litauen, Niederlande, Großbritannien) eher einen Arbeitsplatz finden (Kosyakova et al. 2024). Staaten, in denen von Arbeitgeber:innen traditionell ein hohes Niveau in der Landessprache gefordert wird – darunter sind vor allem die deutschsprachigen Länder zu nennen –, weisen maximal durchschnittliche Beschäftigungsquoten auf, trotz eines gut ausgebauten Integrationsangebots.

Auch von Ukrainer:innen selbst werden Sprachbarriere als das größte Problem bei der Arbeitsmarktintegration in Europa genannt, wie eine Umfrage in mehreren europäischen Ländern zeigt. Dabei lag der Anteil der Befragten, die die Landessprache auf mittlerem Niveau oder höher beherrschen, in den osteuropäischen Ländern deutlich höher als in den westeuropäischen. Bezieht man jedoch die Ähnlichkeit der ukrainischen Sprache mit den Sprachen Osteuropas in die Bewertung mit ein, so schreitet der Spracherwerb in Westeuropa vergleichsweise schnell voran (Tkalych et al., 2023). Dies liegt u. a. daran, dass in vielen westeuropäischen Ländern die Vermittlung der Landessprache ein fester Bestandteil bestehender Integrationsprogramme ist. So etwa nahmen 75 % aller ukrainischen Vertriebenen in Österreich innerhalb der ersten zwei Jahren an Deutschkursen teil. 2024 gaben 47 % an, über Deutschkenntnisse auf Niveau B1 oder höher zu verfügen (Mazal et al., 2024). Dennoch bestehen Zugangshürden wie lange Wartezeiten zwischen den verschiedenen Niveaustufen und schwer erreichbares Angebot in ländlichen Regionen. Oft fehlt es auch an ausreichenden Betreuungseinrichtungen für Kinder, damit (de facto) alleinerziehende Mütter die Sprachkurse besuchen können,[2] oder an gut ausgebauten Online-Ressourcen. Da die digitale Kompetenz unter ukrainische Vertriebene stark ausgeprägt ist, stellen *Blended-Learning*-Konzepte – also die Kombination von Präsenzlehre mit Phasen des Online-Learnings, etwa zur Vertiefung von Inhalten – für fortgeschrittene Lernende eine wertvolle Ergänzung zur klassischen Sprachvermittlung dar.

Herausforderung 3: Beschäftigung unterhalb des Qualifikationsniveaus

Die Beschäftigung von Ukrainer:innen unterhalb ihres Qualifikationsniveaus hat verschiedene Ursachen, die nur in geringerem Ausmaß auf andere Fluchtkohorten zutreffen. Dazu zählen (a) erhöhte Anforderungen an das erworbene Sprachniveau, da die meisten (hoch-)qualifizierten Berufe Sprachkenntnisse auf dem Niveau B2 oder C1 und berufsspezifischen

---

[2] Das betrifft nicht (nur) Sprachkurse mit integrierter Kinderbetreuung, sondern die generelle Verfügbarkeit von Kindergartenplätzen in Österreich. Laut Wirtschaftskammer fehlen für Kinder unter 3 39.000 Betreuungsplätze, bei den drei- bis sechsjährigen Kindern sind es 14.000 (WKO, 2023).

Wortschatz erfordern, (b) bürokratische, mühsame und langsame Anerkennungsverfahren bestimmter Abschlüsse und Berufe, insbesondere in medizinischen und pädagogischen Berufen; und (c) fehlende Kontakte im Aufnahmeland, was oft zu mangelnden Kenntnissen über Beschäftigungsmöglichkeiten im eigenen Berufsfeld führt. Via klassischer Arbeitsvermittlung bleibt das Angebot an Stellen für hochqualifizierte Fachkräfte oft begrenzt.

Die ukrainische Fluchtbewegung mit ihrem hohen Anteil akademisch gebildeter Fachkräfte machte somit die Entwicklung neuer Integrationsansätze notwendig. In Polen etwa wurde ein vereinfachtes Verfahren für medizinische Fachkräfte aus der Ukraine eingeführt, in Kombination mit maßgeschneiderten Sprachkursen. Ein Sondergesetz gewährt medizinischen Fachkräften (Ärzt:innen, Pflegekräften, Hebammen und anderem medizinischen Personal) eine befristete Ausübung ihres Berufs, wodurch die sonst langwierigen Anerkennungsverfahren für im Ausland erworbener medizinischer Qualifikationen entfallen (Lashchuk, 2025). Durch diesen unbürokratischen Zugang konnten der steigende Ärztemangel in Polen adressiert und die Beschäftigung ukrainischer Ärzt:innen gefördert werden.

Ein weiteres Best-Practice-Beispiel sind Praktikumsprogramme für qualifizierte Fachkräfte. Sie können die berufliche Weiterentwicklung ukrainischer Fachkräfte fördern und wertvolle Netzwerke erschließen helfen.

Literatur

Brücker, H., Kosyakova, Y., & Schuß, E. (2020). *Integration in Arbeitsmarkt und Bildungssystem macht weitere Fortschritte*. IAB-Kurzbericht 4/2020. https://doi.org/10.1007/978-3-658-23143-9_10.

Červenka, J. (2024). *Ukrajinští Uprchlíci v České Republice 2024* (S. 71). Centrum pro výzkum veřejného mínĕníp. https://mv.gov.cz/soubor/ukrajinsti-uprchlici-v-ceske-republice-2024-pdf.aspx. Zugegriffen: 31. Jan. 2025

International Organization for Migration (IOM) (2024). *DTM Estonia Needs and Intentions of Ukrainian Nationals Annual Report 2023*. https://dtm.iom.int/sites/g/files/tmzbdl1461/files/reports/DTM_2023_EE_Needs%20%26%20Intentions_Ukraine_Annual%20report%202023.pdf. Zugegriffen: 18. Jan. 2026.

Kohlenberger, J., & Denys, O. (2025). *Ungenutzte Talente? Die Arbeitsmarktintegration ukrainischer Vertriebener im europäischen Vergleich.* Österreichische Gesellschaft für Europapolitik (ÖGfE) Policy Brief, 02/2025. https://www.oegfe.at/policy-briefs/ungenutzte-talente-die-arbeitsmarktintegration-ukrainischer-vertriebener-im-europaeischen-vergleich/. Zugegriffen: 1. Sep. 2024

Kosyakova, Y., Gatskova, K., Koch, T., Adunts, D., Braunfels, J., Goßner, L., Konle-Seidl, R., Schwanhäuser, S., & Vandenhirtz, M. (2024). *Arbeitsmarktintegration ukrainischer Geflüchteter: Eine internationale Perspektive.* IAB-Forschungsbericht, 16(2024). (S. 80). https://doi.org/10.48720/IAB.FB.2416.

Lashchuk, I. (2025). *From Displacement to Employment: Comparing the Labor Market Integration of Ukrainian Women in Poland, Italy, and Germany.* MIDEM-Policy Paper, 1. (S. 12).

Mazal, W., Dörfler-Bolt, D. S., Kaindl, D. M., & Baierl, D. A. (2024). *Ukraine-Vertriebene in Österreich zwei Jahre nach Kriegsbeginn* (S. 17–18). Institut für Familienforschung an der Universität Wien. https://www.integrationsfonds.at/fileadmin/content/AT/monitor/MAZAL_Studie_Ukraine.pdf. Zugegriffen: 31. Jänner 2025

Tkalych, M., Skrypchenko, T., & Dukhnich, O. (2023). *A pan-European Study of Ukrainians in Europe.* RATING LAB, 45–60. https://www.ngobg.info/uf/news/2023/09/05/3909729273/rl-refugees-from-ukraine-in-the-eu.pdf. Zugegriffen: 21. Aug. 2025.

UNHCR (2023). *Lives on Hold: Intentions and Perspectives of Refugees from Ukraine #3 [Reports and Assessments].* https://data.unhcr.org/en/documents/details/99072. Zugegriffen: 17. Aug. 2025.

UNHCR, & Deloitte (2024). *Analysis of the impact of refugees from Ukraine on the economy of Poland.* https://data.unhcr.org/en/documents/details/106993. Zugegriffen: 16. Aug. 2025.

WKO (2023). *Agenda Kinderbildung & Kinderbetreuung.* https://www.wko.at/fiw/agenda-kinderbildung-kinderbetreuung. Zugegriffen: 18. Aug. 2025.

9

Warum Geflüchtete einstellen? Argumente aus der Wissenschaft

Internationale Studien zeigen, dass Arbeitgeber:innen, die Flüchtlinge eingestellt haben, mit deren Leistung weitgehend zufrieden waren, wahrscheinlich wieder aus dieser Gruppe rekrutieren werden und geflüchtete Arbeitsuchende an Kolleg:innen in der Branche weiterempfehlen wollen (Lundborg & Skedinger, 2016; Szkudlarek et al., 2021). Zu den Vorteilen der Rekrutierung von Flüchtlingen zählen höhere Bindungsquoten, mehr Vielfalt und eine Stärkung der Unternehmensreputation bzw. der eigenen Marke. Befürchtungen, dass die Einstellung von Flüchtlingen zu Unzufriedenheit bei anderen Mitarbeiter:innen und Kund:innen führen könnte, erwiesen sich dagegen meist als unbegründet. Laut Daten der Europäischen Wertestudie unterstützt eine Mehrheit der Bevölkerung in Österreich Integration durch Arbeit (Aichholzer et al., 2019). Die in früheren Dekaden vorherrschende Angst, zugewanderte Menschen würden Einheimischen die Arbeitsplätze wegnehmen, ist aufgrund geänderter struktureller Rahmenbedingungen am Arbeitsmarkt und des bereits eingetretenen demografischen Wandels deutlich gesunken. Vielmehr wird der Beitrag migrantischer Arbeitskräfte zu Schlüsselsektoren und systemerhaltenden Berufen geschätzt. Dazu zählen Landwirtschaft, Abwasser- und Abfallentsorgung, Bau, Pflege- sowie Hauspersonal – in all diesen, meist von schlechten Arbeitsbedingungen, niedrigen Löhnen und prekä-

© Der/die Autor(en), exklusiv lizenziert an Springer Fachmedien Wiesbaden GmbH, ein Teil von Springer Nature 2026
J. Kohlenberger, *Refugee Talents: Betriebliche Integration von Geflüchteten*, https://doi.org/10.1007/978-3-658-49871-9_9

ren Verhältnissen gekennzeichneten Branchen sind Arbeitnehmer:innen mit Flucht- bzw. Migrationshintergrund überrepräsentiert (Schönherr et al., 2022).

Laut dem Personalpanel 2019 des Instituts der deutschen Wirtschaft (IW) waren vier Jahre nach der großen Fluchtbewegung 2015 die Hauptgründe, warum Unternehmen Geflüchtete beschäftigten (a) die empfundene Bereicherung in vielfältigen Teams mit Menschen unterschiedlicher Kulturen (82 %), gefolgt von (b) sozialer Verantwortung (80,5 %) und (c) der Tatsache, dass Geflüchtete hohe Einsatzbereitschaft und Motivation zeigen (77,5 %) (Flüter-Hoffmann et al., 2020; KOFA, 2024). Tatsächlich kann es aus der Perspektive der Corporate Social Responsibility (soziale Verantwortung von Unternehmen, kurz CSR) als Beitrag zu den Zielen für nachhaltige Entwicklung (Sustainable Development Goals, SDGs) gesehen werden, wenn Arbeitgeber:innen geflüchteten Menschen faire Beschäftigungschancen bieten: Dazu zählen Entwicklungsziel 5 (Gleichstellung der Geschlechter), Ziel 8 (menschenwürdige Arbeit und Wirtschaftswachstum) und Ziel 10 (Verringerung von Ungleichheiten).

Als größte Herausforderungen bei Anstellung und Onboarding bezeichnen Unternehmen mangelhafte schriftliche Deutschkenntnisse (91,3 %), gefolgt von unterschiedlicher Arbeitsmentalität (81,3 %). Auch der anfänglich hohe Betreuungsaufwand wird von immerhin drei Viertel der Arbeitgebenden als herausfordernd genannt. Dies deckt sich mit parallelen Erhebungen unter jenen Unternehmen, die (noch) keine Geflüchteten anstellen: Mangelnde Deutschkenntnisse (86 %) sind der Hauptgrund für Ablehnung, aber auch fehlende Rechtssicherheit (62 %) und hoher bürokratischer Aufwand (71 %) spielen eine Rolle (Flüter-Hoffmann et al., 2020).

Basierend auf wissenschaftlichen Erkenntnissen und internationalen Studien werden im Folgenden einige der Vorteile, die geflüchtete Mitarbeiter:innen Unternehmen bringen, vorgestellt.[1]

Produktivität Geflüchtete, die nach Westeuropa kommen, sind eine selbst-selektive Gruppe, d. h. sie weisen meist höhere Bildungsniveaus,

---

[1] Die folgenden Abschnitte basieren auf Kohlenberger et al. (2023).

mehr berufliche Erfahrungen und höhere Motivation auf als der Durchschnitt in ihrem Herkunftsland (Buber-Ennser et al., 2016). Denn Flucht ist nicht nur gefährlich, sondern bedarf auch finanzieller Mittel, über die höher Gebildete mit guten Jobs eher verfügen. Dadurch ergibt sich im Aufnahmeland eine höhere Produktivität von Geflüchteten verglichen mit Einheimischen. Weil für sie eine Rückkehr ins vom Krieg betroffene Heimatland nicht möglich ist, zeichnen sie sich durch besondere Motivation und Engagement aus – zu viel steht auf dem Spiel.

Loyalität   Nach ihren Kriegs- und Fluchterfahrungen suchen viele Geflüchtete Stabilität, auch in ihrem Job. Sie tendieren deshalb eher dazu, Stellen mit einer langfristigen Perspektive anzunehmen und zeigen sich ihren Arbeitgeber:innen gegenüber loyaler als Beschäftigte ohne Fluchthintergrund. Das findet seinen Niederschlag in einer höheren Verbleibsquote in Unternehmen und einer generell niedrigen Fluktuation von Flüchtlingen, über unterschiedliche Sektoren und Standorte hinweg.

Diversität   Die Vorteile von Vielfalt und unterschiedlichen Erfahrungen am Arbeitsplatz sind hinreichend belegt. Diversität wird zunehmend als Voraussetzung für Erfolg auf einem sich wandelnden globalen Markt gesehen. Unternehmen, die Mitarbeiter:innen mit unterschiedlichem ethnischen Hintergrund beschäftigen, schneiden meist besser ab als ihre Mitbewerber:innen. Wenn Unternehmen die vielfältigen Erfahrungen, Kenntnisse und Fähigkeiten ihrer Mitarbeiter:innen mit Fluchthintergrund nutzen, können sie Innovationen, bessere Entscheidungsfindung und Führungsqualitäten sowie positive Veränderungen in der Unternehmenskultur fördern – und damit auch Wachstum.

Geflüchtete Arbeitnehmer:innen sind kulturelle Mediator:innen oder „Brückenbauer:innen" (Okamoto & Teo, 2012), weil sie mehrere unterschiedliche Kulturen kennengelernt haben und navigieren können. Sie können Brücken zwischen Organisationseinheiten in kulturell unterschiedlichen Kontexten schlagen und zum Katalysator für Kreativität und für neue Produkte werden.

- Brückenbauer:innen haben „kulturell-generelle" Kompetenzen entwickelt, die sich auf unterschiedliche Situationen anwenden lassen, etwa Lösung komplexer Probleme, Leitung multikultureller Teams, Verhandlung und Vermittlung zwischen Kulturen (Fitzsimmons et al., 2020).
- Arbeitnehmer:innen, die sich mit mindestens zwei Kulturen identifizieren, zeigen mehr Flexibilität im betrieblichen Alltag und in ihrem Verhalten als jene, die nur in einer Kultur beheimatet sind.

Innovation Geflüchtete Arbeitnehmer:innen kurbeln die Innovationskraft eines Unternehmens an. Sie zeigen sich oft flexibler bei kreativen Prozessen und deren Umsetzung (Lambert et al., 1973), weil sie selbst vielfache Herausforderungen in ihrem Leben überwinden mussten, sind teils risikoaffiner, aber auch offener für neue Lösungswege. Zwei- oder mehrsprachiges Denken, wie es bei vielen Flüchtlingen der Fall ist, wird mit *„divergent thinking"* (dt. abweichendes Denken) in Verbindung gebracht, was wiederum die Entwicklung kreativer Ideen fördern kann (Lee & Kim, 2011). Jede neue Sprache eröffnet eine neue Welt. In Unternehmen bringen geflüchtete Menschen aufgrund ihrer Mehrsprachigkeit und bi-/multi-kulturellen Einbindung eine andere Sichtweise als einheimische Arbeitnehmer:innen und damit auch andere Ideen ein (Hong & Page, 2004; Venturini et al., 2018). Besonders sollte hier auf die Komplementarität verwiesen werden: Eine Belegschaft ist dann flexibel im Denken und Handeln, wenn sowohl einheimische als auch migrantische und geflüchtete Mitarbeitende und ihre Sichtweisen miteinbezogen werden. Die Mischung macht's.

- Geflüchtete und Migrant:innen neigen eher zu Unternehmensgründung als Einheimische – weil sie risikofreudiger sind oder aus Mangel an Anstellungsoptionen: 44 % der *Fortune 500* Unternehmen und mehr als die Hälfte der IT-Start-Ups im Silicon Valley wurden von Menschen mit Flucht- oder Migrationshintergrund gegründet (American Migration Council, 2023).
- Laut der Weltorganisation für geistiges Eigentum (WIPO) haben die Top 5 % aller Erfinder:innen und Innovator:innen weltweit eine fünfmal höhere Wahrscheinlichkeit, Migrationshintergrund zu haben als die restlichen 95 % (Kerr, 2019).

Neue Märkte Durch die Einstellung von geflüchteten Menschen erweitern Arbeitgeber:innen ihren Kundenkreis und erhalten Zugang zu neuen lokalen und internationalen Märkten (Fitzsimmons et al., 2017). Dies spielt auch bei einer möglichen Rückkehr von Geflüchteten nach Befriedung des Krieges, vor dem sie geflohen sind, eine Rolle. Sowohl Ukrainer:innen als auch Syrer:innen, die in den letzten Jahren in Westeuropa Schutz gefunden haben, könnten im Falle ihrer nachhaltigen Rückkehr zu wertvollen Brückenbauer:innen vor Ort und zu Motoren des Wiederaufbaus werden. Heimische Unternehmen, die über rückgekehrte (Ex-) Mitarbeitende verfügen, haben somit einen Startvorteil.

Aber auch im jeweiligen heimischen Markt darf nicht außer Acht gelassen werden, dass dieser, insbesondere im westeuropäischen Kontext, diverser und vielschichtiger wird: Österreich, Deutschland und die Schweiz sind klassische Migrationsgesellschaften, weshalb auch ein erheblicher Anteil der bereits hier lebenden und arbeitenden Bevölkerung von mehrsprachiger und kultursensibler Ansprache profitiert und dadurch als Kund:innen gewonnen werden können.

Markenwert Unternehmen können eine aktive Rolle bei der Lösung globaler Probleme spielen – dazu zählt auch die weltweit zunehmende Vertreibung von Menschen aus politischen, aber auch wirtschaftlichen und klimatischen Gründen. Stellen Betriebe geflüchtete Menschen ein, so leisten sie einen Beitrag zu deren Arbeitsmarktintegration, was wiederum von einer Mehrheit der Österreicher:innen unterstützt wird, trotz bzw. gerade aufgrund einer sich polarisierenden Migrationsdebatte (Kohlenberger, 2025).

CSR-Programme, die sich an Flüchtlinge richten, können zudem die Identifikation der Mitarbeiter:innen mit ihrem Unternehmen erhöhen (Wang & Chaudhri, 2019). Wird der eigene Arbeitgeber als ein Betrieb mit sozialer Verantwortung wahrgenommen, der aktiv Gesellschaft gestaltet und einen Beitrag zu Zusammenhalt oder gegen Ausgrenzung leistet, kann dies positiv auf die Motivation der (heimischen) Mitarbeiter:innen wirken.

Geringe Einstellungskosten In Branchen, die von Fachkräfte- und/ oder Arbeitskräftemangel betroffen sind, sind geflüchtete Arbeitnehmer:innen, die bereits im Land sind und erste Deutschkenntnisse haben, wesentlich schneller einsetzbar als aus dem Ausland anzuwerbende Kräfte. Verglichen mit den Kosten für Auslandsmitarbeiter:innen (für Umzug, Wohnen, Versorgung von Partner:in und Kindern) sind etwaige anfängliche Mehrkosten für das Screening und Onboarding von geflüchteten Arbeitnehmer:innen wesentlich rascher amortisiert.

Unternehmen ersparen sich nicht nur die aufwändige Suche und Rekrutierung im Ausland, auch die Frage der legalen Zuwanderung und des Aufenthaltstitels stellt sich bei bereits Asylberechtigten nicht (mehr). Im Gegensatz zu Arbeits- und anderen Visa, die regelmäßig erneuert werden müssen, ist ein Asylstatus unbegrenzt gültig und gibt Arbeitgeber:in und Arbeitnehmer:in Rechtssicherheit. Zusätzlich verfügen die meisten Geflüchteten über zumindest Basis-Deutschkenntnisse und Orientierungswissen im Aufnahmeland, sodass nicht mehr „bei Null" gestartet werden muss. Diese Aspekte sollten in die betriebliche Kosten-Nutzen-Rechnung miteinbezogen werden, auch wenn anfänglicher Onboarding-Aufwand bei geflüchteten Arbeitnehmer:innen oft deutlich höher ist als bei regulären Migrant:innen.

Literatur

Aichholzer, J., Friesl, C., Hajdinjak, S., & Kritzinger, S. (Hrsg.). (2019). *Quo vadis, Österreich? Wertewandel zwischen 1990 und 2018.* Czernin.

American Migration Council (2023). *New Report Reveals Immigrant Roots of Fortune 500 Companies.* https://www.americanimmigrationcouncil.org/press-release/new-report-reveals-immigrant-roots-fortune-500-companies/. Zugegriffen: 16. Aug. 2025.

Buber-Ennser, I., Kohlenberger, J., Rengs, B., Al Zalak, Z., Goujon, A., Striessnig, E., Potančoková, M., Gisser, R., Testa, M. R., & Lutz, W. (2016). Human Capital, Values, and Attitudes of Persons Seeking Refuge in Austria in 2015. *PLOS ONE, 11*(9), e163481. https://doi.org/10.1371/journal.pone.0163481.

Fitzsimmons, S. R., Liao, Y., & Thomas, D. C. (2017). From crossing cultures to straddling them: An empirical examination of outcomes for multicultural employees. *Journal of International Business Studies, 48*(1), 63–89. https://doi.org/10.1057/s41267-016-0053-9.

Fitzsimmons, S. R., Baggs, J., & Brannen, M. Y. (2020). Intersectional arithmetic: How gender, race and mother tongue combine to impact immigrants' work outcomes. *Journal of World Business, 55*(1), 101013. https://doi.org/10.1016/j.jwb.2019.101013.

Flüter-Hoffmann, C., Hammermann, A., & Stettes, O. (2020). Wandel mit alternden Belegschaften gestalten – Chancen und Barrieren erkennen. Ergebnisse aus dem IW-Personalpanel 2019. *IW Trends 1, 47*, 99–115.

Hong, L., & Page, S. E. (2004). Groups of diverse problem solvers can outperform groups of high-ability problem solvers. *Proceedings of the National Academy of Sciences, 101*(46), 16385–16389. https://doi.org/10.1073/pnas.0403723101.

Kerr, W. R. (2019). *The Gift of Global Talent: How Migration Shapes Business, Economy & Society*. Stanford Business Books.

KOFA (2024). *Geflüchtete*. https://www.kofa.de/mitarbeiter-finden/zielgruppen/beschaeftigte-aus-dem-ausland/gefluechtete/. Zugegriffen: 18. Aug. 2025.

Kohlenberger, J. (2025). *Migrationspanik. Wie Abschottungspolitik die autoritäre Wende befördert*. Picus Konturen.

Kohlenberger, J., Zilinskaite, M., & Riosa, T. (2023). *Refugee Talents: Leitfaden für Arbeitgeber/innen zur Unterstützung von Recruiting, Onboarding und Beschäftigung geflüchteter Mitarbeiter/innen*. https://research.wu.ac.at/ws/portalfiles/portal/59004235/Refugee-Talents_2023_Gn.pdf. Zugegriffen: 20. Aug. 2025.

Lambert, W. E., Tucker, G. R., & d'Anglejan, A. (1973). Cognitive and attitudinal consequences of bilingual schooling. *Journal of Educational Psychology, 65*(2), 141–159. https://doi.org/10.1037/h0034983.

Lee, H., & Kim, K. H. (2011). Can speaking more languages enhance your creativity? Relationship between bilingualism and creative potential among Korean American students with multicultural link. *Personality and Individual Differences, 50*(8), 1186–1190. https://doi.org/10.1016/j.paid.2011.01.039.

Lundborg, P., & Skedinger, P. (2016). Employer attitudes towards refugee immigrants: Findings from a Swedish survey. *International Labour Review, 155*(2), 315–337. https://doi.org/10.1111/ilr.12026.

Okamoto, K., & Teo, S. T. T. (2012). Role stress reduction and cultural mediators in overseas Japanese companies. *The International Journal of Human Resource Management, 23*(17), 3522–3535. https://doi.org/10.1080/09585192.2011.644317.

Schönherr, D., Zandonella, M., & Glaser, H. (2022). *Kolleginnen und Kollegen mit anderen Staatsangehörigkeiten als der österreichischen am Arbeitsmarkt –*

Zwischen Systemrelevanz und Exklusion: Erwerbssituation, Arbeitszufriedenheit und Diskriminierung in der Arbeit. Arbeiterkammer Wien. https://www.arbei terkammer.at/interessenvertretung/arbeitundsoziales/arbeitsmarkt/SORA_S tudie_2022..pdf. Zugegriffen 10. August 2025

Szkudlarek, B., Nardon, L., Osland, J. S., Adler, N. J., & Lee, E. S. (2021). When Context Matters: What Happens to International Theory When Researchers Study Refugees. *Academy of Management Perspectives, 35*(3), 461–484. https:// doi.org/10.5465/amp.2018.0150.

Venturini, A., Kalantaryan, S., & Fassio, C. (2018). *High-Skilled Immigration and Innovation* (S. 150–175). Oxford University Press. https://doi.org/10. 1093/oso/9780198815273.003.0008.

Wang, Y., & Chaudhri, V. (2019). Business Support for Refugee Integration in Europe: Conceptualizing the Link with Organizational Identification. *Media and Communication, 7*(2), 289–299. https://doi.org/10.17645/mac.v7i2. 1877.

10

Rekrutierung und Onboarding geflüchteter Mitarbeiter:innen

Obwohl geflüchtete Arbeitnehmer:innen ihrem Unternehmen zahlreiche Vorteile bringen, sind sie gerade bei ihren ersten Schritten auf dem österreichischen Arbeitsmarkt mit besonderen Herausforderungen konfrontiert, die auf einheimische Arbeitnehmer:innen nicht oder kaum zutreffen. Mit den richtigen Werkzeugen und entsprechendem Vorwissen können Arbeitgeber:innen aber zielgerichtet darauf reagieren und diese Herausforderungen in Chancen für geflüchtete Arbeitnehmer:innen und das gesamte Unternehmen wandeln.

Vor der betrieblichen Integration steht die erfolgreiche Rekrutierung. Hier lohnt es sich, neben klassischen Formaten auf Kontakt zu den jeweiligen Communities und zu humanitären Vereinen zu setzen, die in der Regel gerne die Integration und Arbeitsaufnahme ihrer Mitglieder unterstützen. Eine Studie der Karl-Franzens-Universität Graz zeigt, wie Geflüchtete der Fluchtbewegung 2015 vorrangig Arbeit fanden: Nach dem Arbeitsmarktservice AMS spielen soziale Netze in Österreich eine wichtige Rolle (Ortlieb et al., 2019). Zusätzlich zur eigenen Community sind dies häufig zivilgesellschaftliche Initiativen, Vereine und Sprachcafés, die für Vernetzung und Austausch sorgen. Für Arbeitgeber:innen, die Flüchtlinge einstellen wollen, empfiehlt es sich, mit solchen Initiativen, aber auch mit spezifischen Jobmessen und Online-Plattformen zu koope-

© Der/die Autor(en), exklusiv lizenziert an Springer Fachmedien Wiesbaden GmbH, ein Teil von Springer Nature 2026
J. Kohlenberger, *Refugee Talents: Betriebliche Integration von Geflüchteten*, https://doi.org/10.1007/978-3-658-49871-9_10

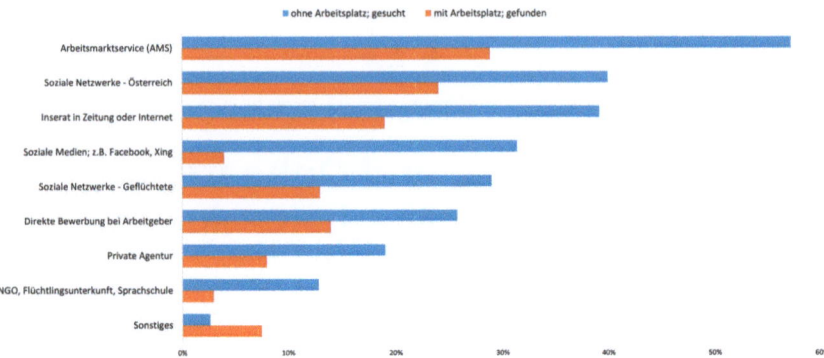

Abb. 10.1 Wege der Arbeitssuche für Geflüchtete ohne bzw. mit Arbeitsplatz (n = 273 bzw. 333). (Quelle: Ortlieb & Weiss, 2018)

rieren. Häufig unterstützen diese auch im Bewerbungsprozess und beim Onboarding.

Im Zuge der Rekrutierung kann sich herausstellen, dass Geflüchteten unter Umständen Unterlagen zum Nachweis ihrer Ausbildung, Empfehlungen oder Arbeitszeugnisse über ihre bisherige Berufserfahrung fehlen (Abb. 10.1). Viele mussten unerwartet fliehen und hatten keine Möglichkeit, sich auf die Flucht vorzubereiten, leiden unter psychischen und/oder physischen Gesundheitsproblemen oder machen sich Sorgen um Familienmitglieder und Freund:innen, die im Herkunftsland geblieben sind. All dies in empathischer Weise in den Bewerbungsprozess mit einzubeziehen, kann für Arbeitgeber:innen und HR-Verantwortliche hilfreich sein.

Studien zeigen eine sogenannte „Fremden-Haftung" (*foreigner bias*), was die Einstellung von migrantischen oder geflüchteten Arbeitskräften betrifft. Sie laufen Gefahr, (unbewusster oder unintendierter) Diskriminierung am Arbeitsmarkt ausgesetzt zu sein, nicht nur aufgrund ihrer ethnischen Herkunft oder Religion, sondern auch, weil ihr Aufenthaltstitel als illegitim oder nur „vorläufig" wahrgenommen wird – was im Falle einer Asylberechtigung, die vor mehr als fünf Jahren erteilt wurde, nicht zutrifft. Aus Sorge vor übermäßiger Bürokratie und um langwierige Anerkennungsverfahren zu vermeiden, bevorzugen Arbeitgeber:innen einheimische Kräfte – obwohl Asylberechtigte in puncto Arbeitsmarktzugang und -rechten österreichischen Staatsbürger:innen gleichgestellt sind

(Kap. 3). Gewisse Annahmen, etwa ob rechtliche Rahmenbedingungen weiterbestehen oder sich geändert haben oder neue Bewerbungsmodalitäten notwendig sind, sollten also regelmäßig hinterfragt werden.

Dies trifft aber auch auf die Gegenseite zu. Geflüchtete Menschen sind oft andere Bedingungen und Prozesse gewohnt, was Rekrutierung, Bewerbung und Arbeitsaufnahme betrifft, als in Österreich üblich. Formelle, meist mehrstufige Bewerbungsverfahren sind Geflüchteten aus Syrien oder Afghanistan fremd, weil sie sich in ihrer Heimat auf informelle Verfahren und soziale Netzwerke, durch die Jobangebote zustande kommen, verlassen können (Eggenhofer-Rehart et al., 2018). Einfach in einem Geschäftslokal oder Restaurant anzuklopfen und nach einer offenen Stelle zu fragen, ist in Westeuropa unüblich, für Geflüchtete aus dem Mittleren Osten aber ein bekannter und erprobter Bewerbungsweg in ihrer Heimat gewesen. Diese Praxis ins Aufnahmeland transferieren zu wollen, kann zu Irritation und Frustration führen. Gegenseitiges Erwartungsmanagement und offene Kommunikation über wechselseitige Annahmen sind deshalb unabdingbar.

Grundsätzlich können Arbeitgeber:innen beim Recruiting von Geflüchteten mit folgenden Themen konfrontiert sein.

- Erhebliche Lücken im Lebenslauf aufgrund einer langen Fluchtgeschichte und/oder eines langwierigen Asylverfahrens, während dessen die meisten Flüchtlinge nicht arbeiten dürfen oder können.
- Fehlende Berufserfahrung in Österreich.
- Fehlende Referenzen und Arbeitszeugnisse; allgemein fehlender Nachweis formaler Kompetenzen und Fertigkeiten.
- Fehlender Zugang zu Netzwerken, die die Beschäftigungsaussichten verbessern würden.
- Fehlendes Wissen über Bewerbungsprozesse und -erwartungen seitens Unternehmen.
- Nicht anerkannte Bildungs- und Berufsabschlüsse.
- Fähigkeiten und Erfahrungen scheinen nicht vollständig mit der ausgeschriebenen Stelle übereinzustimmen; Über-/Unterqualifikation.

Als Arbeitgeber:in empfiehlt es sich, entsprechende Flexibilität bei der Einstellung von Geflüchteten an den Tag zu legen. Durch gezieltes und mehrstufiges Onboarding können etwaige Lücken im Lebenslauf ausgeglichen und geflüchtete Arbeitnehmer:innen bei ihrer Eingliederung ins Unternehmen optimal unterstützt werden. Siehe dazu auch die Einblicke aus Unternehmen, die geflüchtete Mitarbeiter:innen eingestellt und erfolgreich an ihr Unternehmen gebunden haben, im letzten Teil dieses Buches (Kap. 11).

10.1 Onboarding

Generell wird das Onboarding von Menschen mit Fluchterfahrung von Unternehmen oft als herausfordernder beschrieben als jenes einheimischer Kräfte. Das hängt u. a. mit meist noch ausbaufähigen Kenntnissen der Landessprache, aber auch mit divergierenden Erwartungen seitens Geflüchteter und Arbeitgeber:in sowie mit fehlendem Systemwissen zusammen. In der Literatur werden folgende Strategien als hilfreich genannt, um die Eingliederung in den neuen Arbeitsplatz zu erleichtern:

- Bereitstellung von kurzen Einführungsveranstaltungen und schriftlichen Einführungsmaterialien in Englisch und/oder der Muttersprache, in denen die Erwartungen am Arbeitsplatz klar erläutert werden.
- Orientierung: Für geflüchtete Mitarbeitende fällt der berufliche Neubeginn häufig in eine generelle Orientierungs- und Ankommensphase in einem fremden Land. Somit können auch Themen wie Wohnen, Gesundheitszugang oder Schulbildung der Kinder in den beruflichen Alltag hineinspielen. In einem ganzheitlichen Zugang können Personalverantwortliche geflüchtete Mitarbeitende an entsprechende Stellen weiterverweisen und fehlendes Systemwissen ausgleichen, wodurch nicht nur Flüchtlinge, sondern auch das Unternehmen Zeit sparen und Ressourcen freimachen.
- Praktika bieten Flüchtlingen die Möglichkeit, einen realistischen Einblick in die Arbeitswelt zu gewinnen und das Verständnis für kulturelle und berufliche Erwartungen zu verbessern.
- Formale Schulungen und Trainings *on the job* bieten dem Unternehmen die Möglichkeit, potenzielle Mitarbeiter:innen kennenzulernen, und können als Weg zu einer dauerhaften Beschäftigung dienen.

- Betriebliche Sozialarbeit durch Zusammenarbeit mit in der Flüchtlingshilfe engagierten Vereinen und Organisationen kann dabei unterstützen, Unsicherheiten und Anfangsschwierigkeiten auszugleichen. Sozialarbeiter:innen können dabei als Brücke zwischen Arbeitgeber:innen und Arbeitnehmer:innen fungieren und ggf. auch bei aufkommenden Konflikten oder Missverständnissen vermitteln. Viele Vereine bieten diese Form der Begleitung ehrenamtlich an, wodurch vor allem Klein- und Mittelunternehmen ohne eigene HR- oder Diversityabteilung entlastet werden.

10.2 Arbeitsalltag

Integration am Arbeitsplatz ist ein gegenseitiger Prozess, der geflüchtete Arbeitnehmer:innen genauso mit einbezieht wie ihr Umfeld (Zapata-Barrero, 2012). Ziel muss sein, vergleichbare Bedingungen, Aufstiegschancen und Arbeitsleistung wie bei anderen Arbeitnehmer:innen sicherzustellen (Lee et al., 2020; Rajendran et al., 2017).

Umgang mit kultureller Vielfalt
Transparente, offene und vor allem zu Beginn intensive Kommunikation zwischen Arbeitgeber:in, Kolleg:innen und Flüchtlingen stellt sicher, dass beide Seiten die Standpunkte des jeweils anderen voll und ganz verstehen. Schweigen muss nicht Bestätigung oder Verständnis bedeuten. Kulturelle Unterschiede sollten, wo möglich, berücksichtigt werden, z. B. durch Freistellung für religiöse Feiertage oder geänderte Pausen- oder Arbeitszeiten. Dafür sind Mitarbeiter:innen, die nicht christlichen Glaubens sind, bei und zu Feiertagen wie Ostern oder Weihnachten flexibel, was gerade in der Gastronomie, im Tourismus oder der Pflege von Vorteil sein kann. Gleichzeitig gilt zu beachten, dass nicht alle Flüchtlinge religiös sind; tatsächlich fliehen viele gerade wegen ihrer eher säkularen Überzeugung aus ihren Heimatländern. Insofern sollten Arbeitgeber:innen nicht von vornherein eine (stark) religiöse Haltung unterstellen.

Statt auf Defizite zu fokussieren, etwa noch ausbaufähige Sprachkenntnisse, sollten gerade zu Beginn auch die spezifischen Ressourcen Geflüchteter miteinbezogen werden. Dies sei anhand der Anekdote aus dem Pflegebereich verdeutlicht: Eine langjährige leitende Angestellte in der stationären Pflege berichtet, dass als Teil der Sensibilisierung neue Mitarbeiter:innen im Rahmen eines Workshops gebeten werden, sich den Umzug ins Pflegeheim bildlich vorzustellen. Dazu gehört auch, dass sie aus ihrem gesamten Haushalt nur eine begrenzte Anzahl an Dingen mitnehmen dürfen und einen Großteil zurücklassen müssen. Jede:r Mitarbeiter:in wird aufgefordert, zuerst eine Liste von zehn Dingen zu formulieren, die er/sie übersiedeln würde; später wird auf nur fünf persönliche Gegenstände reduziert. Im besagten Workshop saß auch ein neuer Pfleger, der aus Syrien geflüchtet war, und fast lapidar feststellte, dass er dies alles schon mal durchgemacht hätte. Schließlich könne man bei der Flucht übers Mittelmeer auch nur das Nötigste – und neben Gebrauchsgegenständen, Kleidung und Nahrung oft nur ein Foto seiner Liebsten – mitnehmen. Fast alles zurücklassen zu müssen und ganz neu anzufangen war ihm also nicht fremd, was es ihm leichter machte, sich in die herausfordernde Position seiner Patient:innen hineinzuversetzen und empathisch zu sein – eine wertvolle Kompetenz im Bereich der Altenpflege.

Die Episode verdeutlicht auch, weshalb Schulungen zum Thema Vielfalt idealerweise für geflüchtete und einheimische Arbeitnehmer:innen gemeinsam angeboten werden – um voneinander zu lernen und Verbindendes zu entdecken bzw. gegenseitige Stärken und Schwächen kennenzulernen, die idealerweise im Teamverband ausgeglichen werden können. Dabei können und dürfen auch Konflikte, Missverständnisse und Vorbehalte offen thematisiert werden. Das reine Anbieten und Abhalten von Diversity Trainings ersetzt jedoch keine offene Unternehmenskultur oder aktive Sanktionen in Diskriminierungsfällen. Erhebungen zeigen, dass es bei Firmen, die die meisten Trainings anbieten und deren Außenauftritt stark auf Diversität als Wert setzt, sogar zu mehr Missbrauchsfällen oder dokumentierter Diskriminierungserfahrung kommen kann, so dem Lippenbekenntnis keine (schmerzhaften) Taten folgen (Hübl, 2024). Eine proaktive Anti-Diskriminierungs-Haltung muss also auch entsprechend gelebt und in der Praxis umgesetzt werden.

Sprache und Kommunikation

Studien zeigen, dass der Spracherwerb nirgendwo so rasch vonstattengeht wie direkt dort, wo die Sprache benötigt und angewandt wird – also auch am Arbeitsplatz. Obwohl Geflüchtete verpflichtende Deutsch- und Wertekurse besuchen, sind die dort erworbenen Kompetenzen meist sehr allgemein und selten auf die konkreten Erfordernisse der Arbeitsstelle abgestimmt. Häufig klaffen auch die Kompetenzen im Schriftlichen und im Gesprochen auseinander, wofür Arbeitgeber:innen anfänglich Verständnis aufbringen sollten. Das nötige Fachvokabular eignen sich Geflüchtete am besten im Austausch mit Kolleg:innen und Vorgesetzten an.

Anfangs ist jedoch Flexibilität im Umgang mit Mehrsprachigkeit im Unternehmen gefordert. Dies kann vor allem für jene Firmen, deren Betriebssprache bisher nur Deutsch war, eine große Umstellung bedeuten. Vielen Herausforderungen kann zu Beginn aber auch pragmatisch begegnet werden. Sind Deutschkenntnisse für manche Themenbereiche noch nicht ausreichend vorhanden, so kann sich das Team auf Englisch verständigen oder eine Übersetzungs-App zu Rate ziehen. Unternehmensunterlagen und -ressourcen können durch Künstliche Intelligenz und Onlinedienste mittlerweile relativ kostengünstig zumindest grob in mehrere Sprachen übersetzt werden. Überhaupt sind digitale Ressourcen und Apps eine gute Möglichkeit, um Deutschkenntnisse aufzubessern und Fachvokabular zu erlernen. Arbeitgeber:innen können geflüchtete Arbeitskräfte dazu ermutigen und sie ggf. für eine bestimmte Stundenanzahl pro Woche dafür freistellen.

Hilfreich ist auch, wenn bereits länger im Unternehmen tätige Mitarbeiter:innen die Erstsprache bzw. andere Sprachen sprechen, die für den/die neue/n geflüchtete/n Kollegen/Kollegin hilfreich ist. Dies ist nicht eindimensional zu sehen: Da beispielsweise viele syrische Geflüchtete längere Zeit im Transitland Türkei verbrachten, sprechen sie anfangs oft besser Türkisch als Deutsch. Mitarbeiter:innen mit türkischem Migrationshintergrund können somit eine sprachliche Brückenfunktion erfüllen. Auch Strategien wie Tandem-Sprachlernen lassen sich in den betrieblichen Alltag integrieren: Ein deutschsprachiger Kollege übt mit der geflüchteten Kollegin Deutsch und bekommt dadurch zusätzlich als Bonus deren Erstsprache vermittelt.

Dialekte und Umgangssprache zeichnen die Unternehmenskultur im deutschsprachigen Raum aus, können jedoch für Deutschlernende anfangs schwierig zu verstehen sein. Einheimische Mitarbeitende sollten von Führungskräften zu einem gewissen Entgegenkommen motiviert werden. Andererseits freuen sich geflüchtete Arbeitnehmer:innen, wenn ihnen dialektale Begriffe beigebracht und erklärt werden und sie diese im Unternehmensalltag anwenden können.

Einstellungen und Erwartungen

Zum Management von kultureller Diversität durch geflüchtete Mitarbeitende gehört auch Erwartungsmanagement auf Seiten einheimischer Arbeitskräfte, die mitunter schon länger dem Unternehmen angehören. Im Dienstleistungsbereich ist auch die Reaktion von Kund:innen ein relevanter Faktor, der die Integration von Mitarbeitenden mit Fluchthintergrund beschleunigen oder hemmen kann. Bereits vor Einstellung von Mitarbeiter:innen mit Fluchthintergrund empfiehlt es sich, in der Belegschaft offen über etwaige Vorbehalte oder Sorgen zu sprechen und den Kund:innen gegenüber eine klare Haltung einzunehmen. Viele Bedenken, etwa hinsichtlich Kommunikation bei schlechten Deutschkenntnissen, können durch begleitende Maßnahmen gelöst werden. Kommt es zu schwierigen oder negativen Erfahrungen mit Kund:innen, so sollten Unternehmensleitung und Mitarbeitende geflüchtete Kolleg:innen ermutigen, ihre Erfahrungen in einem geeigneten, geschützten Rahmen, ggf. mit professioneller Begleitung, zu teilen.

Eine häufige Erwartung an Geflüchtete generell und an geflüchtete Arbeitnehmer:innen im Speziellen ist Dankbarkeit. Empfundene Undankbarkeit kann Ablehnung und Ressentiments bei heimischen Kolleg:innen hervorrufen. Arbeitgeber:innen können dies abfangen, indem sie von Beginn an betonen, dass geflüchtete und österreichische Arbeitskräfte entsprechend ihrer Aufgabenstellung die gleichen Rechte und Pflichten haben und somit auch gleichermaßen Beschwerden äußern dürfen. Im Vordergrund muss die Erzählung stehen, dass sowohl neue als auch einheimische Arbeitskräfte gleichermaßen im Betrieb arbeiten, um letztlich zum gemeinsamen Unternehmenserfolg beizutragen.

Nicht ausgeblendet werden kann und darf, dass ein insgesamt defizitär geführter Asyl- und Integrationsdiskurs auf gesellschaftspolitischer Ebene, der etwa „Flüchtlinge" und „Wirtschaftsmigranten" vermischt, auch ins Arbeitsumfeld und in den Büroalltag drängt. Besser als negative Frames, Halbwahrheiten und Gerüchte über geflüchtete Menschen zu ignorieren, ist es, Räume für den gegenseitigen Austausch zu schaffen und fundierte Fakten bereitzustellen. Dafür können Town Halls oder informelle Get-Together einen Rahmen bieten, etwa indem Expert:innen-Vorträge angeboten oder der Austausch mit den neuen Mitarbeiter:innen im Rahmen klassischer Teambuilding-Maßnahmen gefördert wird.

Mentoring

Mentoring- oder Buddy-Systeme sind gängige Methoden, um die Integration von Flüchtlingen am Arbeitsplatz zu erleichtern. Ein:e ideale:r Mentor:in oder Buddy ist jemand, der oder dem der/die Kolleg:in mit Fluchthintergrund Fragen stellen kann und kein:e direkte:r Vorgesetzte:r ist. Einige Unternehmen nutzen auch umgekehrte Mentoring-Programme (sogenanntes *reverse mentoring*), bei dem Geflüchtete einheimischen Mitarbeiter:innen über ihren kulturellen Hintergrund und ihre im Ausland erworbene Berufserfahrung erzählen. Idealerweise wird beim Mentoring berufliche mit sozialer und kultureller Unterstützung kombiniert. Durch ein betriebsinternes Anreizsystem, etwa eine gewisse Stundenanzahl, für die der Mentor/die Mentorin freigestellt wird, oder durch Essensgutscheine, können Freiwillige motiviert werden.

Neben formalisiertem Mentoring empfiehlt es sich, im betrieblichen Alltag aktiv darauf zu achten, geflüchtete mit einheimischen Mitarbeiter:innen zusammenbringen und sie gemeinsam an Aufgaben arbeiten lassen, sodass am Ende die gemeinsame Leistung als Team belohnt wird. Proaktive Teamzuweisungen ermöglichen es langjährigen Mitarbeiter:innen, etwaige Stereotypien zu überwinden, geflüchtete Kolleg:innen auf einer persönlichen Ebene kennenzulernen und gleichzeitig neue, innovative Problemlösungsansätze zu entwickeln, wodurch die Integration am Arbeitsplatz gefördert wird (Guo et al., 2020).

Beratungs- und Unterstützungsangebote für psychisches Wohlbefinden

Auch am Arbeitsplatz sollten Flüchtlinge niederschwelligen Zugang zu psychosozialer Beratung und Betreuung haben, etwa im Rahmen von berufsbezogenen Coachings und Trainings, die ihre mentale Gesundheit und Fluchterfahrung mit einbeziehen. Spezialisierte Psycholog:innen können ins Unternehmen eingeladen werden, um über den Effekt von Kriegs- und Fluchterfahrungen aufzuklären und Vorgesetzte und einheimische Mitarbeiter:innen in der traumasensiblen Interaktion mit geflüchteten Kolleg:innen zu beraten. Das ermöglicht es Unternehmen, die Kriegs- und Fluchterfahrungen geflüchteter Mitarbeiter:innen angemessen zu berücksichtigen und dadurch potenzielle Konflikte und/oder Arbeitsausfälle zu vermeiden. Dabei sind jedoch auch kulturelle Unterschiede zu berücksichtigen: Manche Flüchtlinge sind misstrauisch oder fühlen sich unwohl, wenn sie eine:n Psycholog:in aufsuchen sollen, etwa weil das in ihren Heimatländern unüblich oder stigmatisierend ist. Werden psychologische Dienste angeboten, sollte also auf eine angemessene Formulierung geachtet und kein Zwang zur Wahrnehmung des Angebots ausgeübt werden. Oft wirken Coachings oder Workshops niederschwelliger, besonders im beruflichen Kontext, wo professionelle mit persönlichen Fragen verbunden werden.

10.3 Verantwortliche

Idealerweise wird die betriebliche Integration von geflüchteten Mitarbeiter:innen nicht nur als Aufgabe einer Diversity-Managerin oder eines Personalverantwortlichen gesehen, sondern von der gesamten Belegschaft mitgetragen. Dabei zeigen sich unterschiedliche Aufgaben für unterschiedliche Ebenen.

Führungsebene
Die Einstellungen, aber auch der persönliche Hintergrund der Führungsverantwortlichen beeinflussen die Positionierungen und Einstellungen ihrer Mitarbeitenden zu Vielfalt, Offenheit und Diversität maßgeblich. Mitarbeitende merken, ob das Interesse an diversen Teams ernst gemeint und von der Führungsebene mitgetragen wird oder reines Marketing darstellt. Führungskräfte sollten sich deshalb aktiv zur bewussten Einstellung von Kolleg:innen mit Fluchthintergrund bekennen und dies in die generellen Unternehmensziele eingliedern.

Personalverantwortliche und Diversity-Manager:innen
HR-Verantwortliche spielen eine zentrale Rolle bei der Integration von Geflüchteten am Arbeitsplatz. Häufig sind sie der erste Kontakt ins Un-

ternehmen und die Schnittstelle zwischen Mitarbeiter:innen und direkten Vorgesetzten, sowohl beim Recruiting als auch beim Onboarding. Sie können soziale Inklusion und Diversität fördern und neben individuellen Beschwerden auch systemische Probleme im Arbeitsalltag adressieren (Ulrich & Dulebohn, 2015). Um dies zu bewerkstelligen, ist der Aufbau eines Vertrauensverhältnisses maßgeblich. Etwaige Sprachbarrieren sind gerade bei vertrauensvollen Gesprächen eine Hürde und sollten ggf. durch die Zuziehung von Dolmetscher:innen überwunden werden.

CSR-Manager:innen

Die Rekrutierung von Geflüchteten und ihre Integration am Arbeitsplatz stellt einen wesentlichen Beitrag eines Unternehmens zu sozialer Inklusion, Gleichberechtigung und globaler Verantwortung in einer Welt mit immer mehr Flucht- und Vertreibungskontexten dar. Dies herauszustellen ist eine wesentliche Aufgabe des CSR. Dennoch muss deutlich werden: Menschen mit Fluchthintergrund werden nicht (nur) aus sozialer Verantwortung und reinem Altruismus heraus eingestellt, sondern auch und vor allem, weil sie einen wertvollen Beitrag zu den Unternehmenszielen leisten.

Public Relations

Geflüchtete Mitarbeitende sollten sowohl in der Kommunikation des Unternehmens nach innen als auch nach außen sichtbar sein. Dies geschieht im Idealfall im Austausch und auf Augenhöhe mit ihnen, sodass nicht *über* Geflüchtete gesprochen wird, sondern sie selbst zu Wort kommen. Dies kann z. B. durch Porträts in der Unternehmenszeitung, durch Kampagnen oder durch Social-Media-Auftritte umgesetzt werden.

Mitarbeitende mit Flucht- und Migrationshintergrund

Mitarbeitende mit Sprachkenntnissen in der Erstsprache der Flüchtlinge oder mit familiären Wurzeln im Herkunftsland bzw. der Herkunftsregion können in der Anfangsphase wertvolle Brückenbauer:innen sein und sprachliche und kulturelle Übersetzungsleistungen übernehmen. Gerade internationale Mitarbeiter:innen stellen oft fest, dass sie viele Gemeinsamkeiten haben, wodurch eine besondere Kollegialität oder gar Freundschaft entstehen kann. Englisch als *lingua franca*, also als gemeinsame Sprache, hilft bei der Kommunikation am Arbeitsplatz und darüber hinaus. Aus Sicht des Unternehmens ist dennoch darauf zu achten, dass jene Mitarbeiter:innen, die aufgrund ihres persönlichen oder beruflichen Hintergrunds dazu prädestiniert sind, diese Brückenfunktion zu übernehmen, dadurch aber auf Dauer nicht überfordert werden.

Besonders kleine und mittlere Unternehmen (KMU) sollten sich ermutigen lassen, Geflüchtete einzustellen, da sie gemeinsam Vorteile gegenüber größeren Mitbewerbern entwickeln können. Im familiäreren Rahmen eines kleineren Unternehmens kann Integration am Arbeitsplatz ebenso gut gelebt werden wie in Großunternehmen, und manchmal sogar wesentlich besser. Zwar verfügen große Betriebe oft über mehr Ressourcen, um flächendeckende Strukturen zur Integration bereitstellen und eigene Mitarbeiter:innen damit betrauen zu können; der persönliche Austausch lässt sich dafür in KMUs leichter und direkter gestalten. Zusätzlich profitieren sie von der Internationalität geflüchteter Mitarbeiter:innen und den transnationalen Kontakten, die dadurch entstehen können.

10.4 Humanitäre versus wirtschaftliche Motivation? Warum eine Führungskraft beides braucht

Führungskräfte, die Geflüchtete einstellen, tun dies oft aus humanitären Gründen. Dies hat natürlich seine Wichtigkeit und Berechtigung. Jedoch zeigen Studien, dass ein pragmatischer Ansatz bei der Beschäftigung von Geflüchteten, der ihre Handlungsfähigkeit und Kompetenzen anerkennt, statt sie aus rein altruistischen Gründen zu beschäftigen, Vorteile für beide Seiten bringt. Idealerweise kommen folgende sechs Tugenden bei der Einstellung und beim Onboarding von geflüchteten Mitarbeiter:innen zum Einsatz (Pesch et al., 2023).

1. **Ausgewogenheit**: Führungskräfte sollten Geflüchtete nicht eindimensional, sondern genauso facettenreich wahrnehmen wie andere Mitarbeitende auch. Dazu zählen Stärken und Schwächen, Bedürfnisse wie auch Ressourcen. Weder negative Biases und Vorurteile noch zu

ausgeprägte Kulanz oder rein altruistisches Handeln sind auf Dauer hilfreich.

2. **Reflexion**: Führungskräfte sollten eigene Grundannahmen und eventuelle Vorurteile reflektieren, die ihrer Motivation Geflüchtete einzustellen, zugrunde liegen. Sind meine Beweggründe primär humanitärer oder betriebswirtschaftlicher Natur? Was möchte ich durch die Einstellung eines Mitarbeiters mit Fluchthintergrund erreichen? Und wie kann ich diese Ziele tatsächlich umsetzen? Diese Fragen sind idealerweise bereits vor Beginn des Rekrutierungsprozesses beantwortet und mit anderen zuständigen Abteilungen des Unternehmens (siehe oben) geklärt.

3. **Sensibilität**: Führungskräfte sollten sensibel auf die Eigenständigkeit und die individuellen Bedürfnisse von Geflüchteten reagieren. Nicht alle Menschen haben die gleichen Bedürfnisse, und niemand wird ausschließlich durch seinen Status als Flüchtling definiert. Ein Mitarbeiter kann von einem Sprachkurs profitieren, während eine andere Mitarbeiterin für ein Führungstraining geeignet ist. Unterschiedliche Herkunftsländer bedeuten unterschiedliche Sprachen, kulturelle Eigenheiten und berufliche Erfahrungen. Eine Einheitslösung („one size fits all") für alle wird wahrscheinlich nicht erfolgreich sein.

4. **Unterstützung**: Führungskräfte sollten Geflüchtete zu qualifizierten Mitarbeiter:innen aus- und weiterbilden und ihre Entwicklung fördern. Es ist zielführender, berufliche Entwicklung zu fördern, anstatt zu versuchen, alle Probleme *für* die geflüchteten Mitarbeiter:innen zu lösen. Unterstützung anzubieten ist sinnvoll, aber jedem Mitarbeiter, jeder Mitarbeiterin, ob mit oder ohne Fluchthintergrund, muss die Möglichkeit gegeben sein, diese Unterstützung abzulehnen. Führungskräfte müssen dieses Grundvertrauen in Mitarbeiter:innen auch und gerade für geflüchtete Beschäftigte entwickeln, da gesellschaftliche Vorstellungen über Flüchtlinge als reine „Opfer" oder Hilfsbedürftige auch in den Unternehmenskontext drängen können.

5. **Selektion**: Führungskräfte sollten Positionen nur mit Geflüchteten besetzen, die über die erforderlichen Fähigkeiten und Fachkenntnisse verfügen oder das Potenzial haben, diese zu entwickeln. Überfordert man Menschen mit Fluchthintergrund aus reinem Altruismus, kann dadurch auf lange Sicht ihre Motivation sinken, wenn Erfolgsmomen-

te ausbleiben. Deshalb gilt wie bei allen anderen Bewerber:innen auch: Nur jene auswählen, die die Anforderungen des Profils tatsächlich so gut wie möglich erfüllen.

6. **Empathie:** Neben dem Fokus auf pragmatische Beschäftigungsbedürfnisse benötigen geflüchtete Mitarbeiter:innen möglicherweise zusätzliche Unterstützung. Führungskräfte sollten nur die Unterstützung anbieten, die diese auch tatsächlich benötigen und aktiv suchen, diese aber großzügig und umfassend. Kommen im Arbeitskontext Themen auf, die über berufliche Fragestellungen hinausgehen, etwa Bildungszugang der Kinder oder Wohnungssuche betreffend, empfiehlt es sich, auf zuständige externe Stellen zu verweisen und ggf. in der Kontaktvermittlung behilflich zu sein. Arbeitgeber:innen dürfen aber eine deutliche Grenze ziehen und zeigen, wo ihre Zuständigkeit und Verantwortung für ihre Mitarbeiter:innen endet.

10.5 Betriebliche Sozialarbeit durch Netzwerke und Partnerschaften

Sektorübergreifende Partnerschaften zwischen öffentlichen, privaten und/oder gemeinnützigen Organisationen können helfen, gemeinsam die Integration von Geflüchteten am Arbeitsplatz voranzutreiben (Van Tulder et al., 2016; Rajendran et al., 2017). Jeder Partner bringt eigene Ressourcen und Netzwerke mit, die die Defizite der jeweils anderen ausgleichen können. Kooperationen mit spezialisierten Anbietern wie NPOs, staatlichen Stellen und Behörden oder kirchlichen Organisationen und zivilgesellschaftlichen Vereinen sind für Unternehmen hilfreich, um Beschäftigungsprogramme für Flüchtlinge zu konzipieren und umzusetzen (Szkudlarek et al., 2021). Sie bieten Zugang zur Zielgruppe, können helfen, Vertrauen aufzubauen und bei Konflikten oder Missverständnissen vermittelnd zur Seite stehen.

Betriebliche Sozialarbeit bedeutet deshalb nicht, dass jedes Unternehmen eine:n eigene:n Sozialarbeiter:in beschäftigen muss, der/die für die Betreuung und Einarbeitung geflüchteter Mitarbeiter:innen verantwortlich zeichnet; vielmehr kann auf bereits bestehende Strukturen und etablierte Organisationen mit langjähriger Erfahrung in der Flüchtlingsintegration zurückgegriffen werden. Dadurch ergibt sich eine Win-Win-Situation für alle Beteiligten, da auch Vereine und Organisationen in der Regel daran interessiert sind, ihre Mitglieder in nachhaltige Beschäftigungsverhältnisse zu vermitteln.

Weltweite Best-Practice-Beispiele

- Das Reboot-Programm der niederländischen Bank ABN AMRO bietet Beschäftigungsmöglichkeiten und ein einjähriges Coaching-Programm, das sich auf Sprach- und Kulturtraining sowie auf die individuelle Unterstützung konzentriert.
- Deutsche Unternehmen wie Daimler, Telekom, Allianz, Thyssen-Krupp und Siemens reagierten auf den Fluchtherbst 2015, indem sie gemeinsam mit der Bundesregierung Beschäftigungsprogramme entwickelten, die auf die besonderen Bedürfnisse von geflüchteten Menschen ausgerichtet waren. Unter „Wir-Zusammen" schlossen sich mehr als 30 Unternehmen der deutschen Wirtschaft zusammen, um die Integration von neu angekommenen Menschen aus Syrien, Afghanistan und dem Irak voranzubringen. Alleine bei Thyssen-Krupp wurden 150 Ausbildungsplätze und 230 Praktikumsplätze geschaffen.
- Chobani ist die meistverkaufte Joghurtmarke in den Vereinigten Staaten. Der Anteil der Geflüchteten an der Belegschaft beträgt etwa 30 %. Hamdi Ulukaya, Gründer und CEO, hat viele Tipps zum Umgang mit Flüchtlingen und hält inspirierende TED-Vorträge und Youtube-Interviews dazu. Er gründete auch das weltweite Programm *TENT – Partnership for Refugees*, um andere Unternehmen zu inspirieren, geflüchtete Menschen einzustellen.

Literatur

Eggenhofer-Rehart, P. M., Latzke, M., Pernkopf, K., Zellhofer, D., Mayrhofer, W., & Steyrer, J. (2018). Refugees' career capital welcome? Afghan and Syrian refugee job seekers in Austria. *Journal of Vocational Behavior, 105*, 31–45. https://doi.org/10.1016/j.jvb.2018.01.004.

Guo, G. C., Al Ariss, A., & Brewster, C. (2020). Understanding the Global Refugee Crisis: Managerial Consequences and Policy Implications. *Academy of Management Perspectives, 34*(4), 531–545. https://doi.org/10.5465/amp.2019.0013.

Hübl, P. (2024). *Moralspektakel: Wie die richtige Haltung zum Statussymbol wurde und warum das die Welt nicht besser macht* (1. Aufl.). Siedler.

Lee, E. S., Szkudlarek, B., Nguyen, D. C., & Nardon, L. (2020). Unveiling the canvas ceiling: A multidisciplinary literature review of refugee employment and workforce integration. *International Journal of Management Reviews, 22*(2), 193–216. https://doi.org/10.1111/ijmr.12222.

Ortlieb, R., & Weiss, V. (2018). Wie finden Geflüchtete in Österreich einen Arbeitsplatz, und welche Art von Arbeitsplatz finden sie? Erster Ergebnisbericht einer schriftlichen Befragung von Geflüchteten im Rahmen des Forschungsprojekts LAMIRA (Labour Market Integration of Refugees in Austria), Universität Graz.

Ortlieb, R., Glauninger, E., Schasche, K., & Zweiger, V. (2019). Wie finden Geflüchtete in Österreich einen Arbeitsplatz, und welche Art von Arbeitsplatz finden sie? Zweiter Ergebnisbericht einer schriftlichen Befragung von Geflüchteten, ergänzt um eine Befragung via Social Media und Gruppendiskussionen mit geflüchteten Frauen im Rahmen des Forschungsprojektes LAMIRA (Labour Market Integration of Refugees in Austria), Universität Graz.

Pesch, R., Ipek, E., & Fitzsimmons, S. (2023). Be a hero: Employ refugees like a pragmatist. *Organizational Dynamics, 52*(1), 100912. https://doi.org/10.1016/j.orgdyn.2022.100912.

Rajendran, D., Farquharson, K., & Hewege, C. (2017). Workplace integration: The lived experiences of highly skilled migrants in Australia. *Equality, Diversity and Inclusion: An International Journal, 36*(5), 437–456. https://doi.org/10.1108/EDI-11-2016-0094.

Szkudlarek, B., Nardon, L., Osland, J. S., Adler, N. J., & Lee, E. S. (2019). When Context Matters: What Happens to International Theory When Researchers Study Refugees. *Academy of Management Perspectives, 35*(3), 461–484. https://doi.org/10.5465/amp.2018.0150.

Ulrich, D., & Dulebohn, J. H. (2015). Are we there yet? What's next for HR? *Human Resource Management Review, 25*(2), 188–204. https://doi.org/10.1016/j.hrmr.2015.01.004.

Van Tulder, R., Seitanidi, M. M., Crane, A., & Brammer, S. (2016). Enhancing the Impact of Cross-Sector Partnerships: Four Impact Loops for Channeling Partnership Studies. *Journal of Business Ethics, 135*(1), 1–17. https://doi.org/10.1007/s10551-015-2756-4.

Zapata-Barrero, R. (2012). European Migration Governance: From „Anything Goes" to the Need for an Ethical Code. *American Behavioral Scientist, 56*(9), 1183–1203. https://doi.org/10.1177/0002764212443820.

11

Erfahrungen aus der Praxis: Interviews mit Unternehmensvertreter:innen und geflüchteten Arbeitnehmer:innen

11.1 „Wir erleben tagtäglich, wie vielfältig und individuell die Lebenswege unserer Mitarbeitenden mit Fluchthintergrund sind – und wie viel Potenzial in dieser Diversität steckt."

Interview mit Alois Huber, Geschäftsführer von SPAR Niederösterreich, Wien und dem nördlichen Burgenland, und Robert Renz, Leiter der SPAR-Akademie Wien.

Frage: Welche Erfahrungen haben Sie mit Mitarbeiter:innen mit Fluchthintergrund gemacht, positiv wie negativ? Was wären die größten Chancen und zugleich die größten Schwierigkeiten?

© Der/die Autor(en), exklusiv lizenziert an Springer Fachmedien Wiesbaden GmbH, ein Teil von Springer Nature 2026
J. Kohlenberger, *Refugee Talents: Betriebliche Integration von Geflüchteten*,
https://doi.org/10.1007/978-3-658-49871-9_11

Alois Huber: Schon zur Zeit der Jugoslawienkrise haben wir viele Menschen aufgenommen, die vor Krieg und Unruhen geflohen sind. Von diesen sind heute viele fester Bestandteil unseres Unternehmens, einige sogar in leitenden Positionen. Unsere Erfahrung ist durchwegs positiv. Auch wenn es etwas klischeehaft klingt, erleben wir unsere Kolleginnen und Kollegen als äußerst strebsam, engagiert und wissbegierig. Sie wollen sich etwas aufbauen, arbeiten hart, sind zielorientiert und zeigen große Eigeninitiative. Interessant ist auch, dass manche von ihnen gegenüber später nach Österreich geflüchteten Menschen eine gewisse Skepsis zeigen. Ich vermute, das hängt auch mit einer kulturellen Prägung zusammen, die bestimmte Vorstellungen oder Werte mit sich bringt. Aber das betrifft jetzt, um es klar zu sagen, vor allem die Geflüchteten aus der Zeit der Jugoslawienkrise – unabhängig von ihrer Religion.

Robert Renz: Nach der Jugoslawienkrise folgte die Flüchtlingswelle aus dem Mittleren Osten – insbesondere aus Syrien und Afghanistan. Und seit etwa zwei Jahren nehmen wir verstärkt das Thema Ukraine wahr. Was wir beobachten, ist, dass Jugendliche aus der Ukraine – kulturell betrachtet – der österreichischen Lebensweise vermutlich am nächsten stehen. Die größte kulturelle Distanz sehen wir tendenziell bei Jugendlichen aus Syrien und Afghanistan, ähnlich wie bei Jugendlichen mit türkischem Hintergrund. Letztlich ist aber immer die Sprache die entscheidende Herausforderung. Bei Jugendlichen aus Syrien und Afghanistan sehen wir, dass es im Schnitt drei bis fünf Jahre dauert, bevor sie sprachlich in der Lage sind, eine Lehre im dualen System zu beginnen – allein schon deshalb, weil sie zusätzlich zur praktischen Ausbildung auch die Berufsschule besuchen müssen. Mit der ukrainischen Zielgruppe machen wir die Erfahrung, dass ihre Integration deutlich schneller gelingt. Wir haben Jugendliche, die bereits ein Jahr nach ihrer Ankunft in Österreich eine Lehre begonnen haben. Seit September 2024 haben wir junge Menschen in Ausbildung, die seit etwa zwei Jahren in Österreich leben. Sprachbarrieren bestehen zwar nach wie vor, zum Teil auch erhebliche – aber der Wille, sich sprachlich zu integrieren, zu lernen und Leistung zu bringen, ist sehr hoch. In dieser Hinsicht sind sie mit den Geflüchteten aus den ehemaligen jugoslawischen Ländern vergleichbar.

Frage: Was tun Sie, um geflüchtete Menschen – unabhängig davon, aus welcher Region sie stammen – gezielt für Ihr Unternehmen zu gewinnen? Gibt es bestimmte Maßnahmen oder Strategien, mit denen Sie diese Zielgruppe ansprechen und dadurch offene Positionen oder Lehrstellen erfolgreich besetzen?

Robert Renz: Alle unsere offenen Ausbildungsstellen im Bereich Lehre sind beim österreichischen Arbeitsmarktservice gemeldet. Darüber hinaus nutzen wir gezielt Kultur- und Community-Medien – also Medien, die in anderen Sprachen erscheinen und besonders von Menschen mit Migrationshintergrund genutzt werden. Dabei geht es nicht ausschließlich um Geflüchtete, sondern generell um die Ansprache einer vielfältigen Zielgruppe. Wir werben also nicht nur in deutschsprachigen oder klassischen österreichischen Medien, sondern auch dort, wo wir kulturübergreifend Menschen erreichen können. Ein weiterer zentraler Baustein ist unsere Berufsschule in Wien: Die SPAR-Akademie ist eine private Berufsschule mit Öffentlichkeitsrecht, die nicht nur die Ausbildung selbst übernimmt, sondern auch aktiv um Lehrlinge wirbt. Besonders wichtig ist uns die enge Vernetzung mit Pflichtschulen in Wien. Lehrerinnen und Lehrer sowie Jugendcoaches – die über verschiedene Trägervereine an Schulen arbeiten – sind für uns wichtige Ansprechpersonen. Sie stehen täglich in direktem Kontakt mit Jugendlichen und können ihnen Informationen über unsere Ausbildungsmöglichkeiten weitergeben. Gerade weil Spar in Wien ein sehr bedeutender Lehrlingsausbildner ist und wir Jugendlichen aus über 30 Nationen und Volksgruppen eine Chance bieten, ist es für uns zentral, dass unser Angebot auch bei diesen Schlüsselpersonen gut bekannt ist.

Frage: Man setzt also auf Vernetzung – insbesondere mit Schulen, Jugendcoaches und Community-Strukturen – und nutzt diese Kontakte gezielt, um sich als attraktiver Ausbildungsbetrieb und Arbeitgeber bekannt zu machen?

Alois Huber: Natürlich läuft auch Vieles über das konzernweite Employer Branding. Im Out-of-Home-Bereich – also etwa durch U-Bahn-Werbung oder großflächige Billboard-Kampagnen – sind wir stark präsent. Darüber hinaus sind wir auch in klassischen Massenmedien aktiv. Allerdings sehen wir klar, dass man rein über österreichische Medienkanäle – etwa über den ORF – bestimmte Zielgruppen nur schwer erreicht. Deshalb setzen wir ergänzend auf gezielte Ansprache über andere Kanäle, die etwa in migrantischen Communities stark genutzt werden. Immerhin schreiben wir jährlich rund 900 freie Lehrstellen in ganz Österreich aus. Um diese Plätze erfolgreich zu besetzen, ist es unerlässlich, möglichst breit und differenziert in die Akquise zu gehen. In Wien allein beschäftigen wir aktuell rund 360 Lehrlinge, darunter afghanische, tschetschenische, ukrainische und syrische Jugendliche. Alle anderen Personen mit Migrationshintergrund würden für mich jetzt nicht klassisch unter den Begriff Personen mit Fluchthintergrund fallen.

Frage: Wie divers sind die Lehrstellen besetzt?
Alois Huber: Insgesamt sind wir in Wien sehr breit aufgestellt. Unsere Lehrlinge stammen aus 34 verschiedenen Nationen und Volksgruppen, vertreten 13 Religionen und bringen eine beeindruckende Sprachenvielfalt von insgesamt 29 unterschiedlichen Erstsprachen mit. Das zeigt, wie divers unser Ausbildungssystem aufgestellt ist und wie aktiv wir Vielfalt im Unternehmen leben.

Frage: Diese Vielfalt bildet somit auch die Diversität in der Stadt bzw. im gesamten Land ab?
Robert Renz: Genau das möchten wir auch zum Ausdruck bringen. Wir erleben tagtäglich, wie vielfältig und individuell die Lebenswege unserer Mitarbeitenden mit Fluchthintergrund sind – und wie viel Potenzial in dieser Diversität steckt.

Vor Kurzem haben wir Mitarbeitende mit Fluchterfahrung zu einem internen Austausch zusammengebracht. Dabei war unter anderem eine Kollegin dabei, die heute Führungskraft in einem großen EUROSPAR-Markt ist und rund 30 bis 40 Mitarbeitende leitet. Sie kam einst als unbegleitete minderjährige Geflüchtete aus dem ehemaligen Jugoslawien nach Österreich, lebte zunächst in Flüchtlingslagern – und hat sich über die Lehre bis zur Marktleiterin weiterentwickelt.

Ein anderes Beispiel ist ein junger Mann mit thailändischer Herkunft, der mittlerweile stellvertretender Marktleiter in einem unserer SPAR-Gourmet-Flagshipstores in der Wiener Innenstadt ist. Er ist in Österreich aufgewachsen, wurde hier ausgebildet und identifiziert sich stark mit dem Land – dennoch gelingt es ihm bislang nicht, die österreichische Staatsbürgerschaft zu erlangen. Gleichzeitig kann er aber auch nicht nach Thailand zurück, da ihm dort eine Verhaftung droht, weil er sich dem Militärdienst entzogen hat. Wieder ein anderes Beispiel ist ein Jugendlicher mit serbischer Staatsbürgerschaft, in Österreich geboren, der ganz bewusst sagt, er möchte niemals die österreichische Staatsbürgerschaft beantragen – was zeigt, wie unterschiedlich Denkweisen und Lebenshaltungen in unserer Belegschaft sind.

Diese Vielfalt spiegelt sich bei uns im Unternehmen täglich wider – sei es bei unseren Lehrlingen, oder bei „klassischen" Mitarbeitenden. Wir greifen diese Realität bewusst in unserer Ausbildung auf. In der SPAR-Akademie haben wir dafür ein eigenes Unterrichtsfach geschaffen. Dieses Fach ist stark integrativ ausgerichtet: Alle Jugendlichen – unabhängig von Herkunft, Religion oder Sprache – erhalten dort Raum, ihre Gedanken, Emotionen und Erfahrungen zu teilen. Das fördert gegenseitiges Verständnis und Respekt. Denn unsere Belegschaft ist bunt – und unsere Kundschaft ist es ebenso.

Wir sehen, dass Offenheit, Zuhören und gemeinsames Lernen für unser Unternehmen sehr wichtige Faktoren sind. Dabei nutzen wir auch unsere Kernkompetenz: das Thema Lebensmittel. Über dieses emotionale und kulturell verbindende Thema schaffen wir Zugänge. Die Jugendlichen lernen bei uns z. B., warum es in Österreich Spinat in der Karwoche gibt, was es mit gefärbten Eiern, dem Allerheiligenstriezel oder dem Adventkranz auf sich hat. Das sind alles Sortimente, die wir im Handel führen – aber für viele junge Menschen aus anderen Kulturkreisen sind sie zunächst fremd. Wir vermitteln dieses Wissen nicht nur als Produktkenntnis, sondern als kulturelles Verständnis. Denn über Lebensmittel lässt sich vieles erklären – und über Geschmack kann man Brücken bauen.

Frage: Gibt es bei Spar besondere Maßnahmen oder Vorgehensweisen im Onboarding-Prozess für diese Zielgruppe? Was hat sich bewährt, was würden Sie weiterempfehlen?

Robert Renz: Spannend ist der Unterschied in der Herangehensweise bei Jugendlichen aus der Ukraine. In dieser Zielgruppe, insbesondere bei den geflüchteten Eltern, hat schulische Bildung – Matura und Universität – einen sehr hohen Stellenwert. Wenn wir mit ukrainischen Jugendlichen über die Lehre sprechen, hören wir häufig Aussagen wie: „An wie vielen Tagen muss ich studieren?" – das zeigt, wie stark dort der Begriff „Studium" mit jeder Art von Bildung verbunden ist. Für diese Jugendlichen ist es entscheidend, dass wir ihnen und ihren Familien klare Perspektiven aufzeigen: Dass eine Lehre nicht das Ende, sondern oft der Anfang einer erfolgreichen Laufbahn ist. Dass es „Lehre mit Matura" gibt, dass Weiterbildung und Karrierewege auch über die betriebliche Ausbildung hinaus möglich sind. Gerade deshalb sehen wir in der ukrainischen Zielgruppe großes Potenzial für die kommenden Jahre – aber auch einen großen Informationsbedarf.

In Wien haben wir dazu eine enge Zusammenarbeit mit unterschiedlichen Behörden und Vereinen aufgebaut, die auf die ukrainische Zielgruppe spezialisiert sind. Unser Ziel war es, gezielt Vorurteile und Informationsdefizite abzubauen – insbesondere die verbreitete Annahme, eine Lehre sei für das eigene Kind keine „adäquate" Ausbildung in Österreich. Wir haben daher gemeinsame Informationsveranstaltungen organisiert. Diese Veranstaltungen finden sowohl tagsüber als auch abends mit Dolmetscher:innen, Präsentationen, und umfassender Aufklärung über die Berufsausbildung in Österreich statt. Ziel davon ist es zu erklären, was eine Lehre bedeutet, welche Anerkennung sie hat, und welche Karrieremöglichkeiten damit verbunden sind – bis hin zur „Lehre mit Matura". Als Arbeitgeber haben wir uns hier in der Verantwortung gesehen, aktiv aufzuklären, Vertrauen aufzubauen und Perspektiven zu vermitteln.

Frage: Gab es auch Situationen, in denen es zu Spannungen oder Vorurteilen innerhalb der bestehenden Belegschaft gekommen ist, etwa in Zusammenhang mit einem steigenden Anteil an Kolleg:innen aus arabischsprachigen Ländern, aus der Ukraine oder anderen Herkunftsländern?

Robert Renz: Ich denke, bei uns spielt die bewusste Durchmischung in den Klassen eine zentrale Rolle. Wir achten sehr darauf, dass es keine einseitige Dominanz einzelner Herkunftsgruppen oder Communities gibt. Eine gesunde, vielfältige Zusammensetzung der Schüler:innen ist aus unserer Sicht entscheidend, um ein harmonisches Miteinander zu fördern. In der Lehrlingsausbildung gilt bei uns eine klare Null-Toleranz-Politik gegenüber jeglicher Form von Anfeindung oder Diskriminierung. Das ist Teil unseres Wertekonzepts – und als größter privater Arbeitgeber sowie als größter Lehrlingsausbildner Österreichs sehen wir uns hier in einer besonderen Verantwortung. Natürlich gab es in der Vergangenheit einzelne Situationen, in denen kulturell geprägte Rollenvorstellungen eine Rolle spielten – etwa in der Frage der Akzeptanz weiblicher Führungskräfte oder Lehrerinnen. Das waren jedoch absolute Einzelfälle und oft erst im Verlauf der Ausbildung erkennbar. Wir versuchen, solche Haltungen frühzeitig zu identifizieren, am besten bereits im Bewerbungsprozess. In unserem Lehrlingsaufnahmetest sind gezielt Fragen eingebaut, die helfen, Einstellungen in Bezug auf Gleichberechtigung und Zusammenarbeit zu erkennen. Wenn sich in den Gesprächen zeigt, dass jemand ganz klar und unbeweglich eine Haltung vertritt, die mit unseren Werten nicht vereinbar ist – etwa, dass er keine weibliche Vorgesetzte akzeptieren würde, dann ist das für uns ein Ausschlusskriterium und wir beschäftigen diese Person nicht in unserem Unternehmen.

Frage: Gab es innerhalb des Unternehmens, insbesondere im Rückblick auf die Jahre 2015/16, auch strategische Überlegungen im Sinne von Corporate Social Responsibility (CSR) oder Markenpositionierung? SPAR hat sich damals ja klar positioniert und offenbar vorgenommen, geflüchteten Menschen, insbesondere im Rahmen der Lehrlingsausbildung, eine Chance geben. Spielt CSR in diesem Kontext weiterhin eine Rolle oder steht heute primär der Fachkräftebedarf im Vordergrund, wobei es „zufällig" auch Geflüchtete sind, die helfen diesen Bedarf abzudecken?

Alois Huber: Meiner Beobachtung nach gab es im Einzelhandel durchaus Marktteilnehmer, die sich in dieser Frage deutlich offensiver positioniert haben. Wir haben im Hintergrund kontinuierlich an der Akquise und Ausbildung gearbeitet, ohne dabei medial groß in Erscheinung zu treten – es war schlicht Teil unseres Tagesgeschäfts. Es ging uns nicht um PR-Effekte oder öffentliche Inszenierung.

Frage: Gibt es etwas, das Sie anderen Unternehmen mitgeben möchten? Vor allem jenen, die bisher wenig Erfahrung mit der Ausbildung von Lehrlingen oder der Anstellung von Mitarbeitenden mit Fluchthintergrund haben – um sie zu ermutigen, diesen Schritt zu wagen.

Robert Renz: Der erste Schritt ist herauszufinden, ob der oder die Jugendliche wirklich versteht, worauf er oder sie sich einlässt: Was bedeutet es, in dieser Branche zu arbeiten? Was ist das duale Ausbildungssystem – also Schule und Betrieb – und was heißt es, über drei Jahre hinweg in Ausbildung zu sein? Das ist ein zentraler Punkt. Man darf nicht voraussetzen, dass diese Informationen bereits bekannt sind.

Wichtig ist auch eine ehrliche Kommunikation, zum Beispiel zu Arbeitszeiten oder Urlaubsregelungen. Und: Man braucht Geduld, insbesondere wegen möglicher Sprachbarrieren. Man darf nicht müde werden, Dinge mehrfach zu erklären, zu wiederholen und zu festigen. Das ist natürlich eine andere Ausgangslage, als wenn sich – überspitzt gesagt – eine Maria Huber aus dem Waldviertel bewirbt.

Wenn man das Thema größer denkt, ist es auch sinnvoll, Austauschräume zu schaffen – Orte, an denen sich Mitarbeitende begegnen, voneinander lernen und Barrieren abgebaut werden können. Wir machen das beispielsweise an unserer Berufsschule durch ein eigenes Unterrichtsfach, das als Reflexionsraum dient. Ähnliches könnte auch über Personalentwicklungsabteilungen in Unternehmen organisiert werden. Denn solche Räume helfen, ein tieferes Verständnis zu entwickeln. Gerade wenn Jugendliche über ihre Fluchterfahrungen berichten, hat das eine andere Wirkung, als wenn man solche Geschichten nur aus den Medien kennt – und oft eben auch durch algorithmisch gesteuerte Inhalte vermittelt bekommt. Wenn die Erzählung direkt von einem Klassenkollegen kommt, mit dem man täglich lernt oder arbeitet, entsteht eine ganz andere Nähe. Das sehen wir als wichtigen Beitrag zum gegenseitigen Verständnis.

Wichtig ist das Lernen der deutschen Sprache. Als wir nach etwa einem Jahr begannen, gezielt ukrainische Jugendliche zu scouten und zu rekrutieren, wurde für uns ein deutlicher sprachlicher Unterschied erkennbar – je nachdem, ob die Jugendlichen in getrennten Klassen unterrichtet worden waren oder ob sie in reguläre Standardklassen integriert waren. Diejenigen, die in gemischten Klassen gemeinsam mit anderen Jugendlichen unterrichtet wurden, waren nach einem Jahr sprachlich deutlich weiter. Man konnte mit ihnen als Laie ein normales Gespräch führen. Das war mit Jugendlichen aus den getrennten Deutschförderklassen in der Regel nicht möglich. Unsere Praxiserfahrung bestätigt hier die Studienlage dazu.

Zentrale Erkenntnisse aus dem Interview mit Alois Huber, Geschäftsführer von SPAR Niederösterreich, Wien und dem nördlichen Burgenland, und Robert Renz, Leiter des SPAR-Akademie Wien

Der Lebensmittelkonzern SPAR setzt auf eine aktive, schul- und communitybasierte Ansprache, gezielte Integrationsmaßnahmen und systematische Förderung von Vielfalt. Sprachförderung, direkte Unterstützung und ein hohes Maß an Netzwerkpflege sind zentrale Erfolgsfaktoren bei der Integration von Mitarbeitenden mit Fluchthintergrund.

- **Wahrgenommene Unterschiede nach Herkunftsland:** Jugendliche aus der Ukraine integrieren sich tendenziell schneller und einfacher als jene aus Syrien oder Afghanistan, u. a., weil sie über Systemwissen im europäischen Bildungs- und Arbeitssystem verfügen; auch die kulturelle und sprachliche Distanz scheint geringer.
- **Sprachbarriere betrieblich angehen:** Deutsch ist die Voraussetzung für eine weitere (Lehrlings-)Ausbildung im Betrieb. Gemeinsame Klassen zeigen bessere und schnellere Ergebnisse als getrennte Klassen nur für Schüler:innen mit Fluchthintergrund.

1. **Erfolgreiche Strategien zur Ansprache & Integration**

   – **Vielfältige Rekrutierung:** Offene Lehrstellen und Jobs über das Arbeitsmarktservice und gezielt in Kultur- und Community-Medien bekannt machen – so werden auch Menschen mit Migrationshintergrund angesprochen.
   – **Zusammenarbeit mit Schulen und Jugendcoaches:** Enge Vernetzung mit Pflichtschulen, Lehrpersonen und Jugendcoaches, um das Ausbildungsangebot gezielt und niederschwellig in die Communities zu tragen.
   – **Eigene Berufsschule (SPAR-Akademie Wien):** Diese übernimmt in Wien nicht nur Ausbildung, sondern wirbt auch aktiv um Lehrlinge verschiedener Herkunft und bildet spezifisch aus.

2. **Diversity und Potenzial**

   – **Hohe Diversität:** Lehrlinge stammen aus 34 Nationen, vertreten 13 Religionen und sprechen 29 unterschiedliche Erstsprachen.
   – **Potenziale durch Vielfalt:** Diverse Lebenswege und Hintergründe als Ressource erlebbar machen; Mitarbeitende mit Fluchterfahrung bringen neue Perspektiven und Kompetenzen ein.
   – **Karrierewege:** Ehemalige Geflüchtete können Karriere machen, etwa als Führungskraft oder Marktleitung, nachdem sie bei SPAR als Lehrling eingestiegen sind.
   – **CSR breit denken:** Gesellschaftliche Verantwortung und die praktische Deckung des Fachkräftebedarfs vereinen.

3. **Maßnahmen zur Förderung von Verständnis & Zusammenhalt**

   – **Wichtigkeit realistischer Erwartungen:** Jugendliche müssen informiert werden, was die spezifische Branche, duale Ausbildung und Ausbildungsdauer konkret bedeuten.
   – **Austauschräume schaffen:** Reflexionsräume, beispielsweise als Unterrichtsfach in der Berufsschule, fördern persönliches Verständnis der Lebenswege und der Herausforderungen von Geflüchteten.
   – **Direkter Erfahrungsaustausch:** Das Erzählen von Fluchterfahrungen im Kolleg:innenkreis erzeugt mehr Verständnis als Berichte aus den Medien.

11.2 „Manchmal sind die größten Barrieren keine faktischen, sondern in unseren Köpfen"

Interview mit Sigrid Heinzle, Vice President People & Culture der Greiner AG.

Frage: Welche Erfahrungen haben Sie mit Mitarbeiter:innen mit Fluchthintergrund gemacht?

Sigrid Heinzle: Wir beobachten, dass Mitarbeiter:innen mit Fluchthintergrund oft einzigartige Perspektiven und Erfahrungen mitbringen, die sowohl Chancen bieten als auch Herausforderungen schaffen. So können zum Beispiel kulturelle Unterschiede in der Wahrnehmung von Verantwortung oder Hierarchie zu Missverständnissen führen. Gleichzeitig sehen wir großes Potenzial in diesen Kolleg:innen – manche von ihnen bringen hohe Qualifikationen mit, die aber im neuen Heimatland nicht anerkannt werden.

Chancengleichheit ist ein wichtiges Thema für uns bei Greiner und wir sind überzeugt davon, dass Vielfalt den Unternehmenserfolg langfristig maßgeblich unterstützt. Dennoch bringt die Inklusion von Menschen mit Fluchthintergrund auch besondere Herausforderungen in diesem Bereich mit sich. Durch die Inklusion von Menschen aus Regionen mit historischen oder politischen Spannungen, kann es durchaus passieren, dass unterschwellige Konflikte in den Betrieb getragen werden – oft vermutlich unbewusst. Sprachbarrieren und kulturelle Sensibilitäten, wie etwa unterschiedliche Auffassungen von Geschlechterrollen oder religiöse Anforderungen können in diesem Zusammenhang zu Situationen führen, die wir aktiv managen müssen. Wir orientieren uns dabei an unserem Verhaltenskodex, welcher klare Spielregeln festlegt, die für uns als Unternehmen nicht verhandelbar sind.

Unsere Verantwortung als Unternehmen ist es, durch gezielte Maßnahmen, etwa Trainings zu interkultureller Kommunikation und Programmen zur Förderung von Chancengleichheit, eine inklusive Arbeitsumgebung zu schaffen. Gleichzeitig arbeiten wir daran, die Zusammenarbeit zwischen allen Kolleg:innen zu stärken, um die Vorteile einer diversen Belegschaft zu nutzen.

Frage: Wie haben Sie Mitarbeiter:innen mit Fluchthintergrund rekrutiert?

Sigrid Heinzle: Mitarbeiter:innen werden bei uns unabhängig von ihrer Herkunft, Staatsbürgerschaft oder anderen persönlichen Merkmalen anhand von externen Stellenausschreibungen und einem standardisierten, fairen Rekrutierungsprozess eingestellt. Im Sinne der Chancengleichheit unterscheiden wir also nicht, ob jemand einen Fluchthintergrund hat oder nicht. Rechtliche Rahmenbedingungen hinsichtlich Arbeits- und Aufenthaltserlaubnis gilt es natürlich in jedem Fall zu berücksichtigen, aber auch hier bemühen wir uns darum, diese Hürden zu überwinden.

Frage: Welche Möglichkeiten und Herausforderungen bestehen im Bereich des Onboardings von Mitarbeiter:innen mit Fluchthintergrund? Oft sind ja unterschiedliche Ebenen damit befasst, die wiederum koordiniert und aufeinander abgestimmt vorgehen müssen.

Sigrid Heinzle: Bei Greiner verfügen wir über standardisierte Onboarding-Prozesse, die sicherstellen, dass neue Mitarbeiter:innen einen guten Start im Unternehmen haben. Im Produktionsbereich werden neue Kolleg:innen am ersten Arbeitstag von der Schicht- oder Teamleitung empfangen, erhalten Unterweisungen, Arbeitskleidung und werden dem Team vorgestellt. Bei Sprachbarrieren ziehen wir je nach Möglichkeit andere Kolleg:innen mit entsprechenden Sprachkenntnissen hinzu.

Frage: Was gehört für Sie zu einer Willkommenskultur dazu? Die trägt ja maßgeblich zum erfolgreichen Onboarding, aber auch zum Verbleib im Unternehmen bei.

Sigrid Heinzle: Eine wertschätzende Willkommenskultur hat einen hohen Stellenwert bei Greiner. So organisieren manche unserer Produktionswerke sogenannte „Welcome Days" für neue Mitarbeiter:innen, bei denen sie nach ihrem Einstieg die Geschäftsführung kennenlernen und sich mit anderen Neuzugängen vernetzen können. In anderen Bereichen gibt es „Buddy"-Programme, die das Ankommen im Unternehmen erleichtern und für ein gutes Teamgefüge sorgen.

Frage: Stichwort Retention Rate: Wie kann man Mitarbeiter:innen mit Fluchthintergrund langfristig integrieren und im Betrieb halten, sodass sich anfängliche Investitionen auch rentieren?

Sigrid Heinzle: Wir begegnen allen Mitarbeiter:innen mit Wertschätzung und Offenheit – egal ob mit oder ohne Fluchthintergrund. Bei Mitarbeiter:innen mit Fluchthintergrund spüren wir oft eine ganz besondere Dankbarkeit für den Arbeitsplatz und das starke Bemühen, die gebotene Chance zu nutzen.

Als Unternehmen unterstützen wir unsere Mitarbeiter:innen in verschiedensten Bereichen – dies geht von Englisch-Trainings bis hin zu Ratschlägen, wo kostenlose Deutschkurse absolviert werden können. Klar ist aber: Jeder Mensch ist einzigartig, mit eigenen Bedürfnissen, Stärken und Schwächen – darauf versuchen wir bestmöglich einzugehen, um gemeinsam erfolgreich zu sein.

Frage: Wie war bzw. ist die Resonanz schon länger im Unternehmen tätiger Mitarbeiter:innen, vor allem jener ohne Migrationshintergrund? Gab es Vorurteile, kam es zu Konflikten?

Sigrid Heinzle: Kulturelle und religiöse Konflikte sind in einem vielfältigen Team nicht ungewöhnlich – das hat jedoch wenig mit Fluchterfahrung zu tun, sondern eher mit Unterschieden im kulturellen Hintergrund. Hier ist es wichtig zu erwähnen, dass wir ganz klare Unternehmenswerte – Offenheit, Wertschätzung, Zuverlässigkeit und das Streben nach Exzellenz – haben und diese in unserem Code of Conduct festgeschrieben sind. Diese Werte gelten für alle Mitarbeitenden gleichermaßen und bilden die Grundlage für ein respektvolles Miteinander. Aber selbstverständlich schützen uns diese Prinzipien nicht vor schwierigen Situationen, die in der Arbeit über kulturelle und religiöse Grenzen hinweg mit hoher Wahrscheinlichkeit auftauchen.

So ist es beispielsweise schon vorgekommen, dass ein Mitarbeiter krankheitsbedingt ausgefallen ist. Für ihn war es selbstverständlich, dass sein Cousin für ein paar Tage kommt, um einzuspringen und somit dem Arbeitgeber Ärger zu ersparen. Eine gut gemeinte Geste, die in einem Unternehmensalltag wie dem unseren und mit den rechtlichen Regelungen in Österreich natürlich nicht vereinbar ist.

Auch „Selbstverständlichkeiten" wie bestimmte Gesten oder eine kurze Berührung an der Schulter, um jemanden aufmerksam zu machen, kann in interkulturellen Arbeitsbeziehungen leicht zu Eskalationen führen. Ein besonders heikler Aspekt kann auch die Rolle von Frauen als Führungskräfte sein. Es gibt Weltanschauungen, in denen das leider noch immer sehr unüblich ist, was durchaus zu Konflikten führen kann.

Situationen wie diese kommen vor, und stellen Führungskräfte vor sehr große Herausforderungen. Eine klare Positionierung des Unternehmens und des Management-Teams ist gerade für die Lösung solcher Situationen unabdingbar. Auch das gehört zu Chancengleichheit: Inklusion bedeutet eben nicht grenzenlose Freiheit, sondern das Einhalten klarer Spielregeln, welche die Zusammenarbeit und Fairness fördern.

Frage: Viele Unternehmen berichten, dass die Verständigung mit Mitarbeiter:innen mit nicht-deutscher Muttersprache anfangs herausfordernd sein kann. Wie haben Sie Sprachbarrieren gemeistert?
Sigrid Heinzle: Eine besondere Herausforderung, gerade im Produktionsbereich, ist das Thema Sprache. Hier unterstützen wir bei Sprachbarrieren teilweise mit Dolmetscher:innen, mit Übersetzungs-Apps oder durch die gezielte Nutzung von Englisch, das mittlerweile bei vielen Mitarbeitenden gut etabliert ist. Manchmal helfen auch Verwandte oder Freund:innen, die bereits im Unternehmen tätig sind, Sprachbarrieren zu überwinden. Wir bauen darauf, dass in diesem Bereich technologische Innovationen – wie zum Beispiel die schon jetzt spürbaren Fortschritte bei Übersetzungs-Apps – noch weitere Hilfestellung bieten werden und beobachten diese Entwicklung mit großer Neugier und Lernbereitschaft.

Frage: Inwiefern spielt CSR und soziales Engagement des Unternehmens oder auch Überlegungen zur Aufwertung der Marke eine Rolle bei der Überlegung, Geflüchtete anzustellen? Gesamtgesellschaftlich lässt sich ja eher eine Polarisierung des Themas beobachten, sodass sich manche Unternehmen vielleicht gar nicht mehr klar zu positionieren trauen.

Sigrid Heinzle: Als verantwortungsbewusstes Familienunternehmen setzen wir uns aktiv für Chancengleichheit und eine inklusive Unternehmenskultur ein. Wir sind in über dreißig Ländern weltweit tätig und wissen daher, welche Kraft aus Vielfalt entstehen kann. Es ist keinesfalls unser Ansatz, das Image des Unternehmens durch die Einstellung von geflüchteten Personen aufzuwerten. Vielmehr sehen wir eine ganze Reihe von Vorteilen eines vielfältigen Arbeitsumfeldes. Es fördert nicht nur die Innovationskraft, sondern steigert auch die Qualität der Entscheidungen, die wir treffen. Eine vielfältige Belegschaft bietet die Chance, Fragen aus unterschiedlichen Perspektiven zu beleuchten und damit ein größeres Spektrum möglicher Antworten zu erhalten. Zudem sind Unternehmen, die sich für eine vielfältige und inklusive Unternehmenskultur einsetzen, wirtschaftlich erfolgreicher und widerstandsfähiger, sie haben zufriedenere Kund:innen, genießen eine höhere Loyalität und sind attraktiver für potenzielle neue Mitarbeiter:innen.

Frage: Abschließend: Was möchten Sie anderen Unternehmen mitgeben, die vielleicht überlegen, Menschen mit Fluchthintergrund einzustellen sich bisher aber noch nicht getraut haben? Womöglich weil Vorbehalte zu groß oder Onboarding-Ressourcen zu gering sind.
Sigrid Heinzle: Nicht voreingenommen sein und den Mut haben, es zu versuchen. Manchmal sind die größten Barrieren keine faktischen, sondern in unseren Köpfen! In jedem Menschen steckt Potenzial, das sich, unter den richtigen Rahmenbedingungen, entfalten kann. Schwierigkeiten mit Leistung, kulturellen Themen, Motivation und Kommunikation kann es immer geben – unabhängig davon, wie und woher jemand in ein Unternehmen kommt. Bei Greiner können wir glücklicherweise positive Beispiele verzeichnen, wenn es um Mitarbeiter:innen mit Flucht- und Migrationshintergrund geht, da das Commitment und die Motivation überdurchschnittlich hoch sein können, wenn Menschen trotz besonders schwieriger Voraussetzungen eine Chance gegeben wird. Abgesehen von all diesen Aspekten haben Unternehmen aus unserer Sicht auch eine soziale Verantwortung sowie einen wichtigen Bildungsauftrag, und das kann gerade auch die Inklusion und Chancengleichheit betreffen. Mehr als für andere Menschen gilt das für Personen, deren Startvoraussetzungen unverschuldet besonders schwierig sind.

Zentrale Erkenntnisse aus dem Interview mit Sigrid Heinzle, Vice President People & Culture der Greiner AG

Integration von Menschen mit Fluchthintergrund erfordert gezielte Maßnahmen, klare Spielregeln und eine aktive Förderung von Chancengleichheit. Neben faktischen Hürden stellen häufig innere, mentale Barrieren die größten Herausforderungen dar. Die Schaffung einer inklusiven Arbeitsumgebung und das kontinuierliche Management potenzieller Konflikte sind zentrale Aufgaben.

1. Rekrutierung und Onboarding

- **Klare Strukturen & Zusammenarbeit**: Die Einstellung und Integration von Geflüchteten erfordert die enge Abstimmung auf unterschiedlichen Ebenen im Unternehmen und klare Prozessdefinitionen.
- **Individuelle Unterstützung**: Angebote wie Englisch-Trainings und der Verweis auf kostenlose Deutschkurse erleichtern das Ankommen. Man muss auf individuelle Bedürfnisse eingehen, um Mitarbeiter:innen die Chance zu geben ihre Stärken bestmöglich zu entfalten.
- **Willkommenskultur als Schlüssel**: Eine gelebte Willkommenskultur bildet die Grundlage für erfolgreiches Onboarding und trägt maßgeblich zur langfristigen Bindung ans Unternehmen bei.

2. Betriebsalltag & Zusammenarbeit

- **Bewältigung sprachlicher Hürden**: Sprachbarrieren können durch den gezielten Einsatz von Dolmetscher:innen, Übersetzungs-Apps und die Nutzung von Englisch als Betriebssprache überwunden werden. Unterstützung durch bereits integrierte Kolleg:innen und Angehörige ist ebenso wertvoll.
- **Umgang mit kulturellen Missverständnissen**: Wichtige betriebliche Wertehaltungen, etwa in Bezug auf Geschlechterrollen oder familiäre Verpflichtungen, erfordern klare Kommunikation und Orientierung am unternehmensweiten Verhaltenskodex. Möglicher Konfliktstoff aus Herkunftsländern kann durch verbindliche Unternehmenswerte aufgefangen werden.
- **Barrieren im Kopf abbauen**: Mentale und faktische Barrieren müssen bewusst angegangen werden – mit Trainings, Austauschformaten und nachhaltiger Begleitung. Vorteile von Diversität können Unternehmen konsequent nutzen, indem konstruktive Teamarbeit und gleichberechtigte Teilhabe im Fokus stehen.

11.3 „Betriebliche Willkommenskultur bedeutet, jeden Menschen als wertvoll zu sehen, sich auf Augenhöhe zu begegnen, neue Menschen als Bereicherung sehen."

Interview mit Erich Lux, Geschäftsführer und Gesellschafter des Bauunternehmens Lux Bau.

Frage: Was sind Ihre Erfahrungen mit Mitarbeiter:innen mit Fluchthintergrund?

Erich Lux: Meine positiven Erfahrungen kann ich anhand einiger konkreter Beispiele schildern. So hatten wir zum Beispiel über zehn Jahre einen Mitarbeiter aus Afghanistan bei uns im Betrieb, der ist bestens mit den Kolleg:innen zurechtgekommen. Ein anderer Mitarbeiter, der als Kind mit den Eltern vor dem Jugoslawienkrieg floh, ist mittlerweile Abteilungsleiter. Einer unserer (mittlerweile erwachsenen) Lehrlinge kämpfte erfolgreich gegen seine Abschiebung in den Iran. Negative Erfahrungen gab es kaum. Klar kommt es mal vor, dass sich jemand kaum bemühte, von den Kolleg:innen aufgenommen zu werden oder im Umgang schwierig ist. Meist verlassen diese Menschen dann aber auch auf eigenen Wunsch das Unternehmen. Übrigens: Mein Urgroßvater flüchtete als Kind mit seinen Eltern aus Österreichisch-Schlesien nach Wien. Später gründete er die Baufirma, die ich heute führe.

Frage: Wie haben Sie Mitarbeiter:innen mit Fluchthintergrund rekrutiert?

Erich Lux: Durch Mundpropaganda und über Bekannte, wir haben aber auch viele Initiativbewerbungen. Die Rekrutierung läuft nach einem Standardverfahren wie bei anderen Mitarbeiter:innen auch.

Frage: Wie sind Sie beim Onboarding vorgegangen?

Erich Lux: Wir betreiben kein strukturiertes Onboarding. Die unmittelbaren Arbeitskolleg:innen sind für die Einführung zuständig. Unser Unternehmen ist mit rund 120 Mitarbeiter:innen nicht so groß. Somit gibt es zu fast allen Mitarbeiter:innen auch vom Eigentümer und Geschäftsführer recht guten Kontakt.

Frage: Was gehört für Sie zu einer Willkommenskultur dazu?

Erich Lux: Zuallererst die Grundhaltung den Menschen gegenüber – jeden Menschen als wertvoll zu sehen, sich auf Augenhöhe zu begegnen, neue Menschen als Bereicherung sehen. Unsere Unternehmenskultur hilft uns dabei.

Frage: Wie kann man Mitarbeiter:innen mit Fluchthintergrund langfristig integrieren und im Betrieb halten?

Erich Lux: Hier sehe ich wenig Unterschied zu anderen Mitarbeiter:innen: Gutes, menschenfreundliches Arbeitsklima. Den Menschen sehen. Versuchen, auf die Bedürfnisse der Menschen einzugehen. Sehen, ob jemand am richtigen Platz ist. Entwicklung fördern, fachlich und menschlich. Fordern und fördern.

Bei Menschen mit Fluchthintergrund braucht es manchmal Begleitung durch das direkte Arbeitsumfeld, also die unmittelbaren Kolleg:innen. Dort ist es manchmal gut, das Verständnis zu fördern. Wie bei allen Menschen braucht es ein beiderseitiges Wollen.

Frage: Wie war die Resonanz schon länger im Unternehmen tätiger Mitarbeiter:innen, als Sie Menschen mit Fluchthintergrund eingestellt haben? Gab es Vorurteile oder Konflikte?

Erich Lux: Insgesamt gab es recht wenig Probleme. Die Menschen wollen vor allem Kolleg:innen, mit denen sie gut zusammenarbeiten können, so habe ich es erlebt. Die Herkunft spielte da weniger Rolle.

Frage: Wie haben Sie Sprachbarrieren gemeistert?

Erich Lux: Wir nehmen nur Menschen, die zumindest sprachliche Grundkenntnisse haben, sonst wäre eine Integration nicht möglich.

Frage: Inwiefern spielt soziales Engagement des Unternehmens und Aufwertung der Marke eine Rolle bei der Überlegung, Geflüchtete anzustellen?

Erich Lux: Die Überlegung einer möglichen Aufwertung der Marke und die Einstellung Geflüchteter im Betrieb würde ich lieber trennen; für manche handelt es sich um eine Auf-, für andere um eine Abwertung, wenn sich ein Unternehmen um Geflüchtete oder generell Menschen mit Migrationshintergrund bemüht.

Zum Thema CSR: Haben wir nicht alle soziale Verantwortung, weil wir alle soziale Bedürfnisse haben? Warum sollte die „Social Responsibility" bei der Wirtschaft oder bei Unternehmen enden? Leider liegt hier ein systemischer Denkfehler vor. Wir als in der Gemeinwohl-Ökonomie engagierter Betrieb üben den 360°-Blick auf unsere Verantwortung.

Natürlich bieten Unternehmen andere Möglichkeiten, die einzelne Menschen nicht haben. Und: Das Unternehmen profitiert ja sowieso von Menschen, die ihre Chance sehen und motiviert anpacken.

Frage: Was möchten Sie anderen Unternehmen mitgeben, die vielleicht überlegen, Menschen mit Fluchthintergrund einzustellen, sich bisher aber noch nicht getraut haben?

Erich Lux: Bitte versuchen Sie es! Es ist eine Lernmöglichkeit – persönlich und für das Unternehmen.

Zentrale Erkenntnisse aus dem Interview mit Erich Lux, Geschäftsführer und Gesellschafter des Bauunternehmens Lux Bau

- **Willkommenskultur aktiv leben:** Jede Person sollte als wertvoll angesehen werden. Begegnung auf Augenhöhe und der Blick auf neue Mitarbeitende als Bereicherung sind zentrale Bestandteile der betrieblichen Willkommenskultur.
- **Team-Unterstützung fördern:** Menschen mit Fluchthintergrund benötigen manchmal besondere Begleitung durch das direkte Arbeitsumfeld, insbesondere durch unmittelbare Kolleg:innen.
- **Soziales Engagement als Mehrwert für das Unternehmen verstehen:** Die Beschäftigung von Geflüchteten bereichert nicht nur das Arbeitsklima, sondern wertet auch die Arbeitgebermarke auf und stärkt das soziale Profil des Unternehmens. Das sollte als gesamtgesellschaftliche Aufgabe gesehen werden.

11.4 „Oft sind es scheinbar kleine Dinge, die dazu beitragen, dass sich Menschen aus verschiedenen Kulturkreisen wertgeschätzt fühlen."

Interview mit Nicole Steger, Equality, Diversity & Inclusion Leader bei IKEA Austria.

Frage: IKEA ist als echtes Best-Practice-Beispiel im Bereich Diversity bekannt und verfolgt einen ganzheitlichen Ansatz bei der betrieblichen Integration von Menschen mit Fluchthintergrund. Wie sieht dieser konkret aus?

Nicole Steger: Viele geflüchtete Menschen haben schlimme Erfahrungen gemacht. Deshalb ist das Thema Mental Health für uns zentral. Ziel ist es, einen kostenlosen Zugang zu Psycholog:innen und Psychotherapeut:innen zu ermöglichen, denn viele Betroffene leiden unter Traumata. Gerade deshalb ist es wichtig, dass psychologische Hilfe unabhängig vom Geldbeutel zugänglich ist. Die Unterstützung soll schnell, unbürokratisch und möglichst in einer Sprache erfolgen, die die Menschen verstehen. Keep Balance hat sich genau darauf spezialisiert: psychologische Begleitung in den gängigsten Sprachen anzubieten. Natürlich kommunizieren wir vorrangig auf Deutsch und Englisch – das sind die beiden Sprachen, die fix abgedeckt sind. Wir bemühen uns aber auch, Unterstützung in weiteren Sprachen wie Arabisch anzubieten. Es gibt auch verschiedene Apps die hilfreich sind, sprachliche Barrieren zu überbrücken. Falls der Bedarf nach Dolmetscher:innen früh genug bekannt ist, kann man diese buchen.

Frage: Welche Strategien verfolgt IKEA bei der Rekrutierung von Personen mit Fluchthintergrund?

Nicole Steger: Viele Menschen aus dieser Community lesen keine Tageszeitung und benutzen keine Massenmedien – so banal das klingt. Deswegen sind Mundpropaganda und Sichtbarkeit am effektivsten. Wenn Menschen bei uns einkaufen und dort arbeitende Personen sehen, die ihnen ähnlichsehen oder dieselbe Sprache sprechen wie sie, denken sie sich eher: „Dort könnte ich auch arbeiten." Sichtbarkeit spielt hier eine große Rolle.

Zusätzlich arbeiten wir mit Organisationen, die im Bereich Integration und Flüchtlingshilfe aktiv sind, zusammen. UNHCR in Wien hat uns geholfen, einen Zugang zu den Communities zu bekommen – wir wussten anfangs schlichtweg nicht, welche Vereine es überhaupt gibt. Dabei wurde mir schnell klar: Es gibt nicht die eine zentrale Anlaufstelle, sondern eine Vielzahl kleiner, oft regional verankerter Initiativen, besonders im ländlichen Raum. Mit diesen haben wir Kontakt aufgenommen.

Besonders wichtig war der nächste Schritt beim Thema Recruiting: Wir haben anhand der konkreten Tätigkeitsbeschreibung in den Stellenausschreibungen analysiert, welches Sprachlevel man wirklich für den jeweiligen Job braucht. Gibt es Jobs, für die man fast kein Deutsch braucht? Wir haben dieses Thema intern besprochen und herausgefunden, dass es diese Jobs bei IKEA gibt, wie zum Beispiel in den Bereichen Food oder Logistik und Regal-Befüllung. Gleichzeitig hilft die Beschäftigung, die Sprache zu lernen. Zusätzlich informieren wir die Bewerber:innen im Recruiting, dass wir flexible Sprachkurse gratis bei externen Unternehmen anbieten. So wird gewährleistet, dass Deutsch so gelernt werden kann, wie es am einfachsten für diejenige Person ist und am besten zu ihrer Lebenssituation passt. Das soll zum Beispiel fehlende Kinderbetreuung kompensieren.

Ein weiterer wichtiger Schritt war das Recruiting Team zu informieren, dass von dieser Zielgruppe nicht die perfekten Bewerbungsunterlagen zu erwarten sind, also keine großartigen Fotos, Lebensläufe oder ähnliches. Oft bekommt man von diesen Personen nur Vorname, Nachname, Telefonnummer und die E-Mailadresse übermittelt.

Und dann vielleicht noch ein unkonventioneller Tipp: Wir haben erfahren, dass es bei großen türkischen Hochzeiten üblich ist, dass im Hinterzimmer ein Fernseher Stellenanzeigen abspielt. Das haben wir genutzt. Man muss ungewöhnliche Wege auszuprobieren!

Frage: Wie geht es nach dem Recruiting weiter, Stichwort Onboarding? Gerade bei Personen mit Fluchthintergrund können die Anforderungen an ein gelungenes Onboarding höher sein als bei einheimischen Mitarbeitenden.

Nicole Steger: Onboarding bedeutet mehr als nur Einarbeitung – es braucht persönliche Begleitung. Ein fester Bestandteil unseres Onboardings ist die Unterstützung durch einen Buddy. Diese Person hilft nicht nur bei Fragen zum Job, sondern steht auch bei persönlichen Anliegen zur Seite, etwa bei der Suche nach einem Sportverein für das Kind. Wichtig ist nicht alles zu wissen, sondern bereit zu sein, Antworten zu finden und das interne Netzwerk zu nutzen. Unsere Buddies sind erfahrene Mitarbeitende, die sich engagiert einbringen und die Bedeutung ihrer Rolle ernst nehmen. Beim Thema Sicherheit setzen wir klare Prioritäten: Alle relevanten Inhalte – vom Verhalten bei Feueralarm bis zu alltäglichen Abläufen – werden mit Unterstützung von Dolmetscher:innen vermittelt, um echtes Verständnis sicherzustellen. Unsere Onboarding-Verantwortlichen, vor allem im Bereich People & Culture, wissen: Neue Mitarbeitende sind oft zurückhaltend mit Kritik, aus Dankbarkeit oder aus Unsicherheit. Umso wichtiger ist es, frühzeitig psychologische Sicherheit zu schaffen. Erst im Alltag zeigt sich oft, was wirklich passt. Deshalb schaffen wir ein Umfeld, in dem Fragen und Anliegen offen geäußert werden dürfen. Denn gelingendes Onboarding basiert auf Vertrauen, Wertschätzung und gegenseitiger Unterstützung.

Frage: Wie kann man sicherstellen, dass aus der Anstellung eine langfristige Beschäftigung wird? Gerade wenn man weiß, dass ein gewisser Zeit- und Ressourcenaufwand notwendig ist, der bei Personen mit Fluchtgeschichte ausgeprägter sein kann als bei einheimischen Mitarbeitenden. Wie kann ein Unternehmen dafür sorgen, dass diese Investition nachhaltig ist und Personen langfristig in der Belegschaft verbleiben?

Nicole Steger: Die Auswertung unserer Daten zeigt eindeutig: Die Retention Rate, also die durchschnittliche Verweildauer im Unternehmen, ist bei Mitarbeitenden mit Fluchthintergrund höher als bei jenen ohne. Gerade in Zeiten des Fachkräftemangels ist das ein starkes Argument. Natürlich arbeiten wir kontinuierlich daran, die Retention Rate weiter zu erhöhen. Oft sind es scheinbar kleine Dinge, die dazu beitragen, dass sich Menschen aus verschiedenen Kulturkreisen wertgeschätzt fühlen. Ein Beispiel: Schon vor vier Jahren haben wir unsere Weihnachtsfeier in „Winterfest" umbenannt – ein Schritt hin zu mehr Offenheit und Inklusion. Auch beim Essen achten wir auf Vielfalt und Rücksichtnahme. Neben Fleischgerichten gibt es selbstverständlich auch vegetarische und vegane Angebote. Darüber hinaus ist es uns wichtig, die kulturellen Hintergründe unserer Mitarbeitenden aktiv einzubeziehen. So gratulieren wir beispielsweise zu Festen wie Chanukka nicht nur mit einem einfachen „Happy Chanukka", sondern mit echtem Interesse: „Was wird bei Euch zu diesem Anlass traditionell gegessen?" In einigen unserer Restaurants haben wir zudem die Möglichkeit geschaffen, dass Mitarbeitende einmal pro Woche ein Lieblingsgericht oder eine Speise aus ihrer Heimat zubereiten können. Das wird als Zeichen der Wertschätzung erlebt und stärkt den Zusammenhalt im Team.

Frage: Wie gehen Sie mit Vorurteilen oder Konflikten im Unternehmen um – insbesondere bei Mitarbeitenden, die aus Österreich stammen oder schon lange hier arbeiten? Zum Beispiel, wenn jemand hinterfragt, warum Ramadan berücksichtigt wird oder das Weihnachtsfest nun „Winterfest" heißt.

Nicole Steger: Der Schritt ist, dass man sich selbst kritisch fragt: Was hat Religion eigentlich mit Arbeit zu tun? Viele würden spontan sagen: nichts. Aber wenn das wirklich so wäre, müssten wir konsequenterweise auf alle religiösen gesetzlichen Feiertage verzichten, wie etwa Pfingsten. Als internationales Unternehmen haben wir natürlich eine Zero-Toleranz Politik in puncto Diskriminierung. Das ist in unserem Verhaltenskodex so geregelt und wird in einer verpflichtenden Schulung auch so erklärt. Alle Mitarbeitenden sind angehalten, im Alltag vorkommende Verstöße sofort zu melden. Falls es in den danach aufklärenden Gesprächen noch immer zu Problemen kommen sollte, holen wir uns Hilfe bei einer Anti-Rassismus-Stelle. Besteht dieses Problem danach immer noch, müssen Konsequenzen gezogen werden und im schlimmsten Fall müssen wir uns von der Person trennen. Konflikte können in vielfältiger Form auftreten – etwa dann, wenn Frauen Führungspositionen einnehmen und auf Mitarbeitende treffen, die aus Kulturen stammen, in denen weibliche Führung nicht üblich beziehungsweise anerkannt ist. Da gibt es null Toleranz. Wir haben auch einen eigenen Wertekatalog, in welchem Werte wie Respekt, Alter, Togetherness oder Ethnizität verankert sind.

Frage: Selbst, wenn man sich gut vorbereitet und die Prozesse eng begleitet, lassen sich Konflikte nicht vollständig vermeiden. Welche konkreten Herausforderungen zeigen sich in der Praxis? Ist das auch ein sprachliches Thema, weil durch unterschiedliche Muttersprachen Missverständnisse auftreten können?

Nicole Steger: Ein Thema, das sich je nach Herkunft unterschiedlich gestalten kann, ist der Umgang mit Zeit – also die Frage: Was bedeutet „pünktlich"? Heute können wir darüber schmunzeln, aber damals war das natürlich eine echte Herausforderung. Bei uns beginnt der Dienst in vielen Abteilungen um acht Uhr. Das bedeutet in der Praxis: Viele sind schon um zehn vor acht da, um in Ruhe anzukommen und pünktlich starten zu können. In manchen Kulturkreisen ist es hingegen völlig normal, erst um neun zu erscheinen – obwohl der Dienst offiziell um acht beginnt. Auch das haben wir erlebt. Und wir haben dann natürlich das Gespräch gesucht, um Missverständnisse aufzuklären: Was bedeutet Pünktlichkeit bei uns? Was meint ein Dienstplan konkret?

Ein weiterer Punkt, der immer wieder zur Sprache kam, war die Kleidung. Bei uns gibt es eine Dienstkleidung – das musste auch erst einmal erklärt werden, denn für viele war das nicht sofort nachvollziehbar. Die Frage war oft: „Warum soll ich das jetzt anziehen? Das entspricht nicht meinem Stil, das würde ich mir selbst nicht kaufen." Unsere Antwort ist dann: Die Kleidung wird kostenlos zur Verfügung gestellt, und sie gehört bei uns zur Arbeitsroutine dazu. Es gibt verschiedene Varianten – Hosen, Röcke, kurzärmelige oder langärmelige Oberteile, unterschiedliche Materialien, das ist so geregelt. Auch in Bezug auf religiöse Kopfbedeckungen, etwa Hijabs, haben wir klare Vorgaben: Es stehen zwei Farben zur Auswahl, dunkelblau und schwarz. Wenn jemand lieber rosa tragen möchte, müssen wir leider sagen: Das geht nicht. Die Begründung dafür ist aber logisch und nachvollziehbar: Die Dienstkleidung dient der Sichtbarkeit und Wiedererkennung. Unsere Kundinnen und Kunden sollen auf den ersten Blick erkennen, wer zum Team gehört.

All das kann man noch so gut planen, irgendetwas läuft am Ende doch anders, als man es sich vorgestellt hat. Aber genau so ist das Leben. Offenheit ist entscheidend. Und die Erkenntnis, dass Menschen weltweit gar nicht so unterschiedlich sind, wie wir oft glauben. Wir erzählen uns das gerne, aber im Kern haben alle Menschen die gleichen Grundbedürfnisse: Essen, Trinken, gesehen werden und das Gefühl, einen Beitrag leisten zu können. Genau das ist es, was uns verbindet. Natürlich ist auch viel Angst im Spiel – die Sorge, etwas zu verlieren oder dass einem etwas weggenommen wird. Aber: Der Kuchen ist groß genug für alle. Es gibt keinen Grund zur Angst, im Gegenteil. Vielfalt bereichert uns.

Frage: Inwiefern spielt bei dem Engagement von IKEA für die Einstellung von Menschen mit Fluchthintergrund auch die strategische Aufwertung der Marke eine Rolle? Obwohl das Thema Flucht und Migration stärker polarisiert als noch vor einigen Jahren, ist IKEA weiterhin klar positioniert und setzt dieses Engagement sichtbar fort, etwa durch Kooperationen wie mit dem UNHCR. Wie wichtig sind in diesem Zusammenhang die Corporate Social Responsibility einerseits und der wirtschaftliche Druck andererseits?

Nicole Steger: Das ist Teil der strategischen Unternehmensplanung. Es geht darum, sich bewusst zu überlegen: Wie möchten wir uns als Unternehmen positionieren, wie wollen wir unsere Marke darstellen? Wer sind unsere Kund:innen, wie ist deren ethnische Verteilung? Dazu vergleichen wir beispielsweise die Daten von Statistik Austria mit unserer tatsächlichen Kundschaft oder Belegschaft vor Ort. Basierend darauf setzen wir uns Ziele und reflektieren, wo wir stehen. Und wir analysieren: Wie sieht die demografische Verteilung laut Statistik Austria aus? Wie ist unsere Belegschaft zusammengesetzt? Wo sehen wir Potenziale, wo gibt es noch Luft nach oben? Und wie können wir im Bereich Recruiting, Employer Branding, aber auch intern weitere Schritte setzen?

Wichtig ist, dass man zuerst nach innen schauen muss. In unserem Unternehmen arbeiten bereits viele Menschen unterschiedlicher Herkunft. Diese Vielfalt ist eine Ressource, denn jeder/e Mitarbeitende hat ein Umfeld: Nachbar:innen, Freund:innen und Bekannte aus Sportvereinen. Das wirkt sich auch international positiv aus. Denn wir sind ja nicht nur in Österreich aktiv, sondern weltweit vertreten. Ich denke, alle global agierenden Unternehmen erkennen mittlerweile wie entscheidend Diversität und Inklusion für nachhaltigen Erfolg sind.

Frage: Was möchten Sie anderen Unternehmen mitgeben, die gerade überlegen, geflüchtete Menschen einzustellen?

Nicole Steger: Es braucht im Unternehmen eine klare Ansprechperson, die für das Thema zuständig ist. Und idealerweise gibt es auch ein eigenes Budget dafür, sei es für Deutschkurse oder andere unterstützende Maßnahmen. Klar, das kostet etwas, aber auch nicht die Welt. Und der Mehrwert, den man durch motivierte Mitarbeitende zurückbekommt, ist deutlich größer. Was man außerdem nicht vergessen darf: auch wenn viele geflüchtete Menschen unglaublich resilient sind, brauchen sie trotzdem mentale Unterstützung. Die psychische Gesundheit sollte unbedingt miteinbezogen werden.

Und zuletzt: Habt den Mut, Neues auszuprobieren. Meine Empfehlung ist, klein zu starten, am besten mit einem Pilotprojekt. Allein das Wort „Pilot" nimmt den Druck raus, weil es bedeutet: Wir testen etwas, wir dürfen Fehler machen, wir lernen dabei. Es muss nicht gleich perfekt sein oder für immer gelten. Oft ist es nur eine Frage des Wordings. Mein Appell ist daher: Change the narrative. Lasst uns gemeinsam daran arbeiten – denn nur zusammen können wir wirklich etwas bewegen.

Zentrale Erkenntnisse aus dem Interview mit Nicole Steger, Equality, Diversity & Inclusion Leader bei IKEA Austria

- **Mentale Gesundheit für Geflüchtete**: Kostenfreier, schneller Zugang zu psychologischer Hilfe in verschiedenen Sprachen ist essenziell. Viele Geflüchtete erfuhren Traumata, eine barrierefreie, niederschwellige psychologische Begleitung – möglichst in der Muttersprache – ist zentral.
- **Rekrutierung und Zugang zu Communities**: IKEA arbeitet mit zahlreichen, oft kleinen und regional verankerten Initiativen im Integrationsbereich, nicht mit einer zentralen Anlaufstelle. Unterstützung etwa durch den UNHCR half beim Zugang zu relevanten Netzwerken.
- **Passgenaue Sprachanforderungen**: Für verschiedene Jobs werden individuelle Sprachlevels definiert. Es gibt bei IKEA Tätigkeiten, für die wenig oder gar kein Deutsch erforderlich ist – etwa Logistik oder Food-Bereich. Damit verhindert man, motivierte Bewerber:innen von vornherein auszuschließen. Die Sprache lernt sich am leichtesten direkt *on the job*. Zusätzlich werden Mitarbeiter:innen über verschiedene gratis Kursangebote informiert, die an Bedürfnisse wie Kinderbetreuung angepasst sind.
- **Unkonventionelle Wege der Rekrutierung**: IKEA nutzt kreative Methoden, um neue Zielgruppen zu erreichen, und setzt auf niederschwellige Bewerbung ohne „perfekte" Bewerbungsunterlagen.
- **Langfristige Bindung**: Die Retention Rate geflüchteter Mitarbeitender ist höher als bei der restlichen Belegschaft. Gründe sind gezielte Wertschätzung, Inklusion und transparente Kommunikation sowie eine Unternehmenskultur, die Zugehörigkeit und Vielfalt im Team stärkt.
- **Diskriminierungs- und Konfliktprävention**: Null-Toleranz-Politik gegenüber Diskriminierung ist im Code of Conduct verankert. Verstöße werden sanktioniert, externe Unterstützung hinzugezogen. Unterschiedliche Zeit- und Autoritätskonzepte werden offen angesprochen und im Dialog geklärt.
- **Strategie & Verantwortung**: Unternehmensengagement für Integration ist sowohl gesellschaftlich (CSR) als auch wirtschaftlich begründet – Inklusion und Wertschätzung zahlen sich nachhaltig aus. Es braucht im Unternehmen eine zuständige Ansprechperson und eigene Budgets für Diversitätsmaßnahmen.

11.5 „Im Mittelpunkt nachhaltiger Integration steht nicht die Herkunft, sondern das individuelle Potenzial – Entwicklung gelingt durch Offenheit, Wertschätzung und gemeinsame Veränderungen im Unternehmen."

Interview mit Anna Wall, Programmmanagerin, Co-Lead und Trainerin bei MTOP (More than One Perspective), ein Sozialunternehmen, das geflüchtete Menschen und Drittstaatsangehörige mit passenden Unternehmen in Österreich zusammenbringt.

Frage: Lassen Sie uns den Weg skizzieren, den Unternehmen gehen, wenn sie Personen mit Fluchthintergrund als Mitarbeitende anstellen möchten. Wie kommen Unternehmen zu den geflüchteten Personen, Stichwort Rekrutierung. Welche Tipps oder Empfehlungen würden Sie Unternehmen geben, um gezielt Geflüchtete als Mitarbeitende zu gewinnen?

Anna Wall: Als Erstes muss ich leider mit den Hürden, die mit der Integration von Geflüchteten in den Arbeitsmarkt verbunden sind, beginnen. Hürden, die für Menschen, die in Österreich oder in ähnlichen Kulturen aufgewachsen sind, oft gar nicht vorhanden sind. Eine der ersten Hürden sind oft Bewerbungsunterlagen – insbesondere der Lebenslauf. Ein CV ist nicht gleich ein CV. Ein Lebenslauf, der in Österreich hervorragend funktioniert und vielleicht zu mehreren Bewerbungsgesprächen führt, kann in Ländern wie den USA, Japan, Syrien oder Südafrika völlig wirkungslos sein. Das ist eben auch eine kulturelle Frage: Was gehört überhaupt in einen Lebenslauf? Wie formuliere ich ihn? Füge ich ein Foto und mein Geburtsdatum ein? Das sind oft Menschen, die in ihrem Herkunftsland extrem erfolgreich waren, die z. B. über Jahre hinweg als Führungskraft tätig waren, aber nie gelernt haben, einen Lebenslauf zu schreiben, weil das in ihrem Land nicht Teil des Bewerbungsprozesses ist. Um diesem Problem entgegenzuwirken, könnte man in den Ausschreibungskriterien das Motivationsschreiben bewusst weglassen oder bei Lebensläufen andere Formate zulassen.

Frage: Wie schafft man es, dass sich Menschen mit Fluchthintergrund überhaupt bewerben? Wie machen Unternehmen auf sich aufmerksam?

Anna Wall: Es gibt natürlich klassische Wege wie Jobplattformen – aber besonders hilfreich sind spezialisierte Jobmessen, die den Schwerpunkt auf diese Zielgruppe legen. Dort wird mit ausgewählten Unternehmen kooperiert, um passende Kandidat:innen und Unternehmen direkt zusammenzubringen. Bei MTOP erfolgt die Vermittlung sehr individuell, mit engem Kontakt zu Unternehmen. Entscheidend ist dabei aber oft, dass der erste Impuls von den Unternehmen selbst kommt – also, dass sie sagen: Wir möchten uns für diese Zielgruppe öffnen. Wie können wir das tun? Natürlich braucht es auch viel Eigeninitiative auf unserer Seite. Individuelle Vermittlung ist ressourcenintensiv, sowohl zeitlich als auch personell. Man kann damit in die Tiefe wirken, aber nicht in die Breite.

Frage: Was ist beim zweiten Schritt, also dem Onboarding, besonders wichtig? Worauf sollte man achten, welche Ebenen im Unternehmen sind dafür zuständig?

Anna Wall: Beim Onboarding von Personen mit Fluchthintergrund steht weniger das Unternehmen als vielmehr der individuelle Einstieg der neuen Mitarbeitenden im Fokus. Für viele ist die berufliche Integration in ein neues, kulturell oft fremdes Umfeld mit Unsicherheiten verbunden – insbesondere im Bereich der sozialen und kommunikativen Erwartungen. In unseren Workshops zeigt sich immer wieder, dass alltägliche Fragen, z. B. Begrüßungsformen, Titelverwendung, Umgang mit Einladungen zu großer Verunsicherung führen können. Diese Unsicherheit wird oft nicht offen thematisiert, kann aber das Ankommen im Unternehmen erheblich erschweren. Ein zentrales Problem sind Missverständnisse: Zurückhaltung kann fälschlich als Desinteresse gedeutet werden, oder proaktives Verhalten als unangemessene Kritik. Aber möglicherweise sitzt mir eine Person gegenüber, die in einem Umfeld sozialisiert wurde, in dem genau dieses Verhalten als Ausdruck von Engagement gilt. Daher braucht es gezielte Orientierungshilfen: einfache Leitfäden, verständliche Erklärungen zur Unternehmenskultur und eine offene Kommunikation, die signalisiert, dass Fragen und Unsicherheiten erlaubt sind. Nur so lässt sich ein unterstützendes und inklusives Onboarding gestalten. Ein Beispiel dafür ist: „In unserem Unternehmen gehen viele Kolleg:innen gemeinsam Mittagessen, aber es ist auch völlig in Ordnung, wenn Du das nicht möchtest." Es geht darum, die ungeschriebenen Regeln bewusst verständlich zu machen, sie greifbar zu erklären und sichtbar zu machen.

Frage: Wie kann sichergestellt werden, dass Mitarbeitende mit Fluchthintergrund nach dem Onboarding langfristig im Unternehmen beschäftigt und dem Betrieb als Arbeitskräfte erhalten bleiben? Immerhin investiert man in jede Art von Mitarbeitenden – und gerade bei dieser Gruppe möglicherweise noch etwas mehr, da anfangs oft ein höherer Aufwand entsteht. Welche Maßnahmen könnten dazu beitragen, dass die langfristige betriebliche Integration erfolgreich gelingt?

Anna Wall: Ein zentraler Aspekt für die erfolgreiche Integration von Mitarbeitenden mit Fluchthintergrund ist die Vermittlung von Wertschätzung – etwas, das vielen dieser Personen auf ihrem Weg nach und in Österreich oft gefehlt hat. Unternehmen können hier eine bedeutende Rolle einnehmen, indem sie auf persönlicher Ebene signalisieren: „Du bist angekommen. Du musst Dich nicht ständig beweisen." Es geht darum, einen Raum zu schaffen, in dem Integration nicht dauerhaft mit Druck und Leistungserwartung verbunden ist, sondern in dem Menschen Zeit und Unterstützung beim Ankommen erhalten. Die Anerkennung der beruflichen Stärken und Potenziale ist dabei ein entscheidender Faktor für eine langfristige Bindung an den Betrieb.

Auch im Bereich der Weiterbildung zeigt sich, wie wichtig Gleichbehandlung ist. Menschen mit Fluchthintergrund haben in der Regel die gleichen beruflichen Ambitionen wie andere Mitarbeitende. Auch sie wollen nicht fünf Jahre lang genau die gleichen Tätigkeiten machen, sondern sich im Beruf weiterentwickeln. Deswegen sollte klar kommuniziert werden, dass Weiterbildungsangebote allen offenstehen. Es geht nicht um eine Sonderbehandlung für diese Personengruppe, sondern um gleichberechtigte Entwicklungsmöglichkeiten für alle. Außerdem ist es wichtig, nach einer erfolgreichen Einarbeitungsphase bewusst auf eine Normalisierung im Arbeitsalltag hinzuarbeiten. Das bedeutet, dass die

Unterscheidung zwischen Mitarbeitenden mit und ohne Fluchthintergrund zunehmend in den Hintergrund treten sollte. Die individuelle Person – mit ihren Fähigkeiten, Interessen und Entwicklungspotenzialen – sollte im Mittelpunkt stehen, nicht ihre Herkunft oder Geschichte. Symbolische Maßnahmen wie etwa gemeinsame Iftar-Abende können verbindend wirken, sollten jedoch nicht an die Stelle echter Gleichstellung und individueller Förderung treten. Nachhaltige Integration gelingt nicht durch die ständige Betonung von Unterschieden, sondern durch gegenseitigen Respekt, Begegnung auf echter Augenhöhe, Vertrauen und ein Arbeitsumfeld, das langfristig auf Gleichstellung und gemeinsame Entwicklung setzt.

Frage: Gibt es Tipps, wie man mit Konflikten oder Auseinandersetzungen in der Belegschaft umgehen kann? Gerade in Unternehmen, in denen größere Diversität noch nicht üblich ist und wo vielleicht die erste Person mit Fluchthintergrund eingestellt wird, kann es zu Herausforderungen kommen. Manche Mitarbeitende, die selbst keinen oder einen lang zurückliegenden Migrationshintergrund haben, reagieren möglicherweise mit Vorurteilen oder Unsicherheit. Konflikte können dabei sehr unterschiedliche Formen annehmen: vom Thema „Händeschütteln" oder „in die Augen schauen" bis hin zu Irritationen, wenn Mitarbeitende zum Beispiel ihren Gebetsteppich ausrollen dürfen. Oder das Thema Pünktlichkeit, das für viele Unternehmen einen hohen Stellenwert hat, während es in manchen Herkunftskulturen ein anderes Verständnis davon gibt. Wie kann man in solchen Situationen sinnvoll und konstruktiv reagieren? Und wie gelingt es, alle Mitarbeiter:innen mitzunehmen? Denn wenn die Unternehmensleitung zwar die Entscheidung trifft, den Weg der Integration zu gehen, die Mitarbeitenden jedoch nicht dahinterstehen, wird die Umsetzung schwierig.

Anna Wall: Der Umgang mit Konflikten ist kulturspezifisch geprägt und stellt eine häufig unterschätzte Herausforderung für Unternehmen dar, insbesondere im Kontext der Beschäftigung von Menschen mit Fluchthintergrund. Viele Betriebe verfügen kaum über Erfahrung im Bereich interkultureller Konfliktlösung, und auch Auslandserfahrung bedeutet nicht automatisch kulturelle Konfliktkompetenz. Während im deutsch-sprachigen Raum Sachlichkeit und direkte Kommunikation geschätzt und auch erwartet werden, gelten in anderen Kulturen oft ganz andere Strategien – etwa das Einbeziehen Dritter oder das offene Zeigen von Emotionen. Diese Unterschiede können leicht zu Missverständnissen führen, die von Unternehmen oft fälschlicherweise als unangebrachtes Verhalten, Desinteresse oder Unprofessionalität gewertet werden. Es braucht daher ein stärkeres Bewusstsein auf Unternehmensseite für solche kulturellen Dynamiken. Das soll nicht heißen, dass Unternehmen unbedingt fünf Schritte auf diese Zielgruppe zugehen oder verschiedene Konfliktlösungsmethoden erlernen müssen. Vielmehr geht es darum, dass das Bewusstsein für diese Unterschiede vorhanden ist. Langfristiges Ziel ist eine gelingende Integration durch gegenseitiges Verstehen – ohne Stigmatisierung, sondern durch bewusste Kommunikation auf Augenhöhe.

Frage: Können Sie konkrete Beispiele für Konflikte, die in Ihren Workshops angesprochen wurden, nennen? Gibt es Themen, die häufiger vorkommen?

Anna Wall: Ein zentrales Thema in der Arbeit mit Menschen mit Fluchthintergrund ist das Verständnis von Rechten und Pflichten im Arbeitsverhältnis – wie etwa bei der Arbeitszeit. In einem Workshop wurde deutlich, dass Missverständnisse über solche Regelungen leicht zu Ausnutzung führen können, wenn Informationen fehlen oder falsch verstanden werden. Viele Konflikte am Arbeitsplatz entstehen durch zwischenmenschliche Missverständnisse, vor allem in der Kommunikation mit Kolleg:innen. Hinzu kommt, dass es häufig Unsicherheiten im Umgang mit Autorität und bei der Frage gibt, wie und wann man im Arbeitskontext Grenzen setzen darf – etwa bei zusätzlichen Aufgaben außerhalb der vereinbarten Arbeitszeit. Diese Unsicherheit ist oft von der Angst begleitet, den Job zu verlieren, und führt dazu, dass viele Betroffene aus Angst über ihre Belastungsgrenze hinaus arbeiten. Dies kann langfristig zu Überforderung und Rückzug führen – obwohl viele dieser Konflikte durch frühzeitige Aufklärung und einfache Unterstützung vermeidbar wären.

Frage: Inwiefern spielt die Corporate Social Responsibility des Unternehmens und die Aufwertung der Marke eine Rolle bei der Überlegung Geflüchtete anzustellen? Hat sich die Haltung der Unternehmen seit dem Jahr 2015, als sich viele bewusst und öffentlich positionierten, verändert?

Anna Wall: Es hat sich durchaus etwas zum Positiven entwickelt – vor allem durch das Konzept der Corporate Responsibility und den zunehmenden Druck, dem Unternehmen ausgesetzt sind, in diesem Bereich aktiv zu werden. Im Vergleich zu 2015 ist heute teilweise ein größeres Bewusstsein dafür vorhanden, dass es diesen Pool an Arbeitskräften gibt und dass dieser auch attraktiv sein kann. Gleichzeitig spielt aber auch ein gewisser Pragmatismus eine Rolle: Viele Unternehmen können es sich schlicht nicht mehr leisten, wählerisch zu sein – sie brauchen Personal und greifen deshalb auf diesen Pool zurück. Es klingt natürlich gut, wenn ein Unternehmen von sich behauptet, sozial verantwortungsvoll zu agieren – zum Beispiel, indem es einen Stand auf einer Jobmesse für Geflüchtete hat. Doch wenn dann gleichzeitig kommuniziert wird, dass ohne C1-Deutschkenntnisse keine Anstellung möglich ist und es idealerweise auch noch ein Dialektverständnis für die deutschsprachigen Kolleg:innen braucht, dann wird deutlich: Das Ganze ist nicht ernst gemeint. In solchen Fällen handelt es sich schlicht um eine Fassade.

Rückblickend habe ich manchmal den Eindruck, dass es im Jahr 2015 in manchen Bereichen für Personen mit Fluchthintergrund sogar einfacher war. Es gab von Unternehmensseite mehr Bereitschaft, Unterstützung zu bieten und diese Personen schrittweise einzugliedern. Diese Haltung ist heute, meiner Wahrnehmung nach, deutlich seltener geworden. Hinzu kommt, dass Personen, die heute durch Familiennachzug oder aktuelle Fluchtbewegungen nach Österreich kommen, häufig einen anderen Bildungshintergrund mitbringen als jene, die im Jahr 2015 angekommen sind. Das führt verständlicherweise zu Vorbehalten. Wenn Betriebe vor allem mit Stereotypien wie nicht alphabetisierte oder ungebildete Geflüchtete konfrontiert werden, bleibt der Zugang zu diesem Arbeitskräftepool entweder ganz verschlossen oder wird nur unter spezifischen Bedingungen geöffnet, etwa für bestimmte einfache Tätigkeiten.

Frage: Was möchten Sie Unternehmen mit auf den Weg geben, die bisher noch keine oder nur wenig Erfahrung damit haben, geflüchtete Menschen anzustellen?

Anna Wall: In Wirkungsbefragungen mit unseren Programmteilnehmenden zeigt sich immer wieder: Die größte Hürde bleibt die Sprache, also Deutsch. Wer mit dem Gedanken spielt, geflüchtete Menschen einzustellen, muss bereit sein, sich selbst zu bewegen. Es reicht nicht, einfach nur Anforderungen zu stellen. Es braucht Offenheit und die Bereitschaft, auch eigene Maßstäbe kritisch zu hinterfragen. Besonders kritisch sehe ich die oft starre Erwartung, dass Bewerber:innen über „perfektes" oder „fließendes" Deutsch verfügen müssen – und das in einem Umfeld, in dem viele deutsche Muttersprachler:innen mittlerweile selbst auf KI-Tools wie ChatGPT zurückgreifen, um fehlerfreie Texte zu schreiben. Diese Vorstellung von Sprachperfektion ist nicht mehr zeitgemäß. Unternehmen sollten nicht nur bei Grammatik und Rechtschreibung flexibler denken, sondern vor allem im alltäglichen Miteinander. Es kann nicht sein, dass Dialektkenntnisse als Voraussetzung für Kundenkontakt gelten. In einer Gesellschaft, in der junge Menschen selbstverständlich Englisch sprechen und viele Gespräche im öffentlichen Raum mehrsprachig geführt werden, muss es möglich sein, sprachliche Vielfalt auch im Berufsleben zuzulassen. Das ist nicht nur eine Investition in Menschen, sondern auch in die Zukunft der Arbeitswelt.

Zentrale Erkenntnisse aus dem Interview mit Anna Wall, Programmmanagerin, Co-Leader und Trainerin bei MTOP (More than One Perspective)

Erfolgreiche Integration geflüchteter Menschen in Unternehmen gelingt durch gezielte Ansprache, individuelle Begleitung, eine transparente und inklusive Unternehmenskultur sowie durch Anerkennung und Entwicklungsperspektiven – ohne dauerhafte Betonung von Unterschieden, sondern durch Begegnung auf Augenhöhe und Respekt für die individuellen Potenziale.

1. Rekrutierung und Onboarding von Geflüchteten in Unternehmen

- **Gezielte Ansprache**: Spezialjobmessen und gezielte Kooperationen mit Unternehmen sind besonders erfolgreich, wenn es darum geht, Menschen mit Fluchthintergrund auf Stellen aufmerksam zu machen.
- **Fokus auf kulturelle Integration**: Die Integration beginnt mit Unsicherheiten, insbesondere gesellschaftlicher und kommunikativer Art (z. B. Begrüßungsformen, Titelgebrauch, Einladungen), die gezielt adressiert werden sollten. Es hilft, Unternehmenskultur und „unsichtbare" Regeln explizit zu machen, um Missverständnisse zu vermeiden.
- **Offene Kommunikation**: Offene Austauschmöglichkeiten, klare Leitfäden zur Unternehmenskultur und die Erlaubnis, Fragen zu stellen, erleichtern die Eingewöhnung.

2. Betrieblicher Alltag

- **Wertschätzung**: Unternehmen sollten berufliche und persönliche Stärken anerkennen, um eine langfristige Bindung zu ermöglichen.
- **Chancengleichheit**: Gleichberechtigter Zugang zu Weiterbildungsangeboten ist essenziell – geflüchtete Mitarbeiter:innen haben oft dieselben Entwicklungswünsche wie ihre Kolleg:innen. Maßnahmen wie gemeinsame religiöse Feste sind zwar verbindend, sollten Gleichstellung und individuelle Förderung aber nicht ersetzen.
- **Normalisierung**: Nach der Einarbeitungszeit sollte der individuelle Mensch im Fokus stehen, nicht die Herkunft.

3. Umgang mit Konflikten

- **Kulturbedingte Missverständnisse**: Konflikte entstehen oft durch unterschiedliche Umgangsformen (z. B. Pünktlichkeit, Umgang mit Autoritäten). Ein Bewusstsein für solche Unterschiede ist auf Unternehmensseite nötig.
- **Interkulturelle Konfliktlösung**: Erfahrung mit Diversität und Konfliktlösung sollte aufgebaut werden, jedoch nicht durch übermäßige Anpassung, sondern durch bewusstes Hinsehen und Kommunikation auf Augenhöhe.
- **Transparenz bei Rechten und Pflichten**: Unklare Regelungen, etwa zu Arbeitszeiten, führen zu Unsicherheiten. Klare Kommunikation kann Missverständnisse und Ausnutzung verhindern.

4. Sprachkompetenz

- **Sprachanforderungen als Barriere**: Die größte Hürde ist meist die Sprache, insbesondere Deutschkenntnisse. Unternehmen sollten Perfektionsansprüche an Sprachkenntnisse lockern, insbesondere da sehr gute Deutschkenntnisse auch bei Muttersprachler:innen mittlerweile nur mehr selten vorausgesetzt werden können.

11.6 „Die ökonomische Logik steht im Vordergrund: Wir wollen als Unternehmen auf das gesamte Arbeitskräftepotenzial zugreifen, das in Österreich vorhanden ist. Das ist nicht nur sinnvoll, sondern auch notwendig."

Interview mit Thomas Kreiter, Personalchef der ÖBB-Infrastruktur und Präsidiumsmitglied des Bundesverbands der Personalmanager:innen (BPM).

Frage: Welche Erfahrungen haben Sie bisher mit Mitarbeiter:innen mit Fluchthintergrund gemacht, positiv wie negativ?

Thomas Kreiter: Ob wir Menschen mit Fluchterfahrung ausbilden und beschäftigen, ist für uns keine politische Frage. Weil es gerade dieser Tage wieder diskutiert wird: Wer aus welchem Titel nach Österreich kommen darf, ist Sache der Politik und von dieser zu entscheiden. Als ÖBB nehmen wir eine politisch neutrale Haltung ein. Für uns steht eine ökonomische Logik im Vordergrund: Wir wollen als Unternehmen auf das gesamte Arbeitskräftepotenzial zugreifen, das in Österreich vorhanden ist. Das ist nicht nur sinnvoll, sondern auch notwendig. Denn wir stehen gesellschaftlich vor einem tiefgreifenden demografischen Wandel. Das Arbeitskräfteangebot schrumpft, wir bewegen uns klar auf eine strukturelle Verknappung zu. Diese Entwicklung ist seit Jahren bekannt – und sie trifft auch uns als Unternehmen. Für den Personalbereich bedeutet das: Der Wettbewerb um Arbeitskräfte wird mittelfristig noch viel stärker zunehmen. Deshalb richten wir, wie viele andere Unternehmen auch, unseren Blick verstärkt auf Gruppen, die bislang weniger im Fokus standen. Zum Beispiel Frauen, insbesondere im Hinblick auf flexible Arbeitszeitmodelle, oder ältere Menschen. Aber eben auch Menschen mit Migrationshintergrund, darunter auch jene mit Fluchterfahrung.

Wir sehen in dieser Gruppe Potenzial: Viele bringen Mehrsprachigkeit mit, was für uns ein Vorteil sein kann. Und viele suchen in Österreich eine Perspektive. Wenn die entsprechende Ausbildung durchlaufen wird, können wir genau diese Perspektive bieten. Die ÖBB verstehen sich als ein Unternehmen, das für alle Kund:innen offen ist – und ebenso als Arbeitgeber, der breit und inklusiv denkt. Die weitaus größte Gruppe von Menschen mit Fluchthintergrund findet über die Lehrlingsausbildung den Weg in unser Unternehmen. Unsere Erfahrungen sind dabei gemischt. Wir arbeiten bei der Vorbereitung auf eine Lehrausbildung eng mit verschiedenen Vereinen zusammen, die gezielt Menschen mit Fluchterfahrung unterstützen und auf die Anforderungen bei uns vorbereiten. Inzwischen konnten wir über 100 junge Menschen mit Fluchterfahrung gewinnen, die erfolgreich eine Lehrausbildung bei uns abgeschlossen haben. Viele von ihnen sind inzwischen in einem festen Dienstverhältnis bei uns. Aber auf jeden dieser über 100 erfolgreichen Fälle kommen mindestens genauso viele, die den Weg dorthin nicht geschafft haben – oftmals, weil sie die erforderliche Vorbereitung über die genannten Programme nicht absolvieren konnten. Auch das gehört zur Realität. Dennoch: Die Kolleg:innen, die diesen Weg gegangen sind, sind heute fester Bestandteil der ÖBB-Familie und leisten einen wertvollen Beitrag für unser Unternehmen.

Frage: Lassen Sie uns mit der Rekrutierung als ersten Schritt starten. Hier sind die ÖBB in vielerlei Hinsicht ein Paradebeispiel. Welche Maßnahmen oder Initiativen wurden bereits umgesetzt oder sind aktuell geplant, um geflüchtete Menschen gezielt anzusprechen und für das Unternehmen zu gewinnen?

Thomas Kreiter: In unserem Außenauftritt haben wir uns bereits vor einigen Jahren breiter aufgestellt. Wir zeigen gezielt Role Models – und zwar sehr vielfältig. Menschen aus all jenen Gruppen, die wir am Arbeitsmarkt ansprechen möchten, sind bei uns sichtbar vertreten. Besonders stark rücken wir Frauen in den Fokus. Warum erwähne ich das so oft? Weil wir unsere Frauenquote weiter verbessern wollen. Hatten wir 2016 noch einen Frauenanteil von 7,4 % in der ÖBB Infrastruktur, haben wir uns mit 13,9 % mittlerweile fast verdoppelt. Es gibt aber eben noch

Luft nach oben. Mit einem umfangreichen Maßnahmenpaket arbeiten wir daran noch viel mehr Frauen und Mädchen für unsere technischen Jobs zu begeistern. Kürzlich haben wir auch eine Schwerpunktkampagne für Menschen mit Behinderungen umgesetzt. Und selbstverständlich zeigen wir in unserer Kommunikation auch Personen mit unterschiedlichen Hautfarben und verschiedenen kulturellen Hintergründen. Ich halte es für wichtig, zu zeigen, dass wir Offenheit und Inklusion in alle Richtungen leben. Und genau das bringt uns sehr viel.

Im Bereich der Rekrutierung von Menschen mit Fluchterfahrung, insbesondere für unsere Lehrlingsausbildung, arbeiten wir stark mit Vereinen zusammen. Und da zeigt sich ganz deutlich: Die Kenntnis der deutschen Sprache ist absolut entscheidend. Sprachkompetenz ist wirklich ein Schlüsselfaktor. Deshalb fördern wir als ÖBB gezielt den Erwerb der deutschen Sprache. Perspektivisch denken wir aber aktuell darüber nach, Menschen einzustellen, die fachlich qualifiziert sind, aber noch sprachliche Defizite haben – um diese dann in Deutsch als Fremdsprache im Unternehmen zu schulen.

Frage: Damit bin ich schon beim Thema Onboarding und bei der betrieblichen Integration. Was gehört für Sie zu einer gelebten Willkommenskultur im Unternehmen?

Thomas Kreiter: In der Lehre funktioniert das Onboarding besonders gut, weil es zum Beispiel Klassenverbände gibt, in die die Jugendlichen integriert werden. Die Zahl von rund 100 Personen mit Fluchterfahrung ist natürlich über einen längeren Zeitraum hinweg entstanden. Die Lehre bietet viele Vorteile: Man lernt gemeinsam, arbeitet gemeinsam, unternimmt Exkursionen zusammen, es entsteht also ganz natürlich ein Gemeinschaftsgefühl. Viele unserer Lehrlinge sind in Lehrlingsheimen untergebracht und verbringen dadurch zusätzlich viel Freizeit miteinander. Das trägt natürlich enorm zur Integration bei. Insofern würde ich sagen: Der beste Onboarding-Prozess, den wir haben, ist tatsächlich die Lehre. Wenn die Kolleginnen und Kollegen dann fertig ausgelernt sind und in ein reguläres Dienstverhältnis übernommen werden, sind sie längst Teil der ÖBB-Familie. Sie hatten bereits Berührungspunkte mit verschiedenen Arbeitsbereichen, kennen die Strukturen – und auch sprachlich gibt es dann in der Regel keine Probleme mehr.

Frage: Was sind konkrete Herausforderungen, wenn es darum geht, Mitarbeitende mit Fluchthintergrund langfristig im Unternehmen zu halten? Und wie werden diese Mitarbeitenden dauerhaft an das Unternehmen gebunden?

Thomas Kreiter: Bei den Lehrlingen haben wir eine deutlich höhere Retentionsrate als bei externen Neueintritten, unabhängig vom Migrationshintergrund. Das kann man allgemein sagen. Insgesamt gilt folgendes: Die ÖBB – und insbesondere die ÖBB-Infrastruktur – haben eine sehr niedrige Gesamtfluktuation. Natürlich gibt es auch bei uns gewisse Ausnahmen. Aber gerade bei niedrigen Fluktuationszahlen wirken sich schon wenige Dutzend Abgänge statistisch stark aus. Was den Migrationshintergrund betrifft, können wir keine signifikanten Unterschiede feststellen. Weder verbleiben Migrant:innen häufiger im Unternehmen, noch seltener.

Frage: Wie ist denn die Resonanz anderer Mitarbeiter:innen, insbesondere von jenen, die keinen Fluchthintergrund und vielleicht auch keinen Migrationshintergrund haben? Gibt es in diesem Zusammenhang Vorurteile, Spannungen oder Konflikte? Wie gelingt es, die gesamte Belegschaft mitzunehmen, also gerade auch jene, die persönlich keine vergleichbaren Erfahrungen gemacht haben?

Thomas Kreiter: Bei einem großen Unternehmen wie den ÖBB, die alleine im Inland rund 40.000 Mitarbeitende beschäftigen, davon 19.000 im Bereich Infrastruktur inklusive der Lehrlinge, ist das Arbeitsumfeld vergleichbar mit dem Leben in einer Kleinstadt. Man findet dort alle gesellschaftlichen Erscheinungen wieder, sowohl mit ihren Vorteilen, aber auch mit ihren Herausforderungen. Und das betrifft nicht nur das Zusammenleben zwischen Menschen mit und ohne Migrationshintergrund, sondern das gesamte gesellschaftliche Spektrum. Tiefgreifende Probleme wie häufige Diskriminierungsfälle oder religiös-kulturell bedingte Konflikte beobachten wir nicht. Weder gab es in den vergangenen Jahren einen Anstieg solcher Fälle noch disziplinäre Vorfälle, die auf Spannungen in diesem Bereich zurückzuführen wären. Wir fördern ein respektvolles Miteinander aktiv, etwa durch Schulungen des zentralen Diversity-Managements zu Themen wie Gleichberechtigung, interkulturelle

Kompetenz und diskriminierungsfreies Zusammenleben. Gleichzeitig ist es uns wichtig, dass sich alle Mitarbeitenden gut einfügen, unabhängig von Herkunft, Religion oder kulturellem Hintergrund. Als staatliches Unternehmen legen wir Wert auf eine tolerante, säkulare und wertschätzende Unternehmenskultur und erwarten auch, dass unsere Unternehmenswerte von allen mitgetragen werden.

Frage: Die Sprache wird oft als zentrale Herausforderung genannt, das bestätigen auch viele andere Unternehmen. Gerade für Betriebe, die mit dieser Zielgruppe noch keine Erfahrung haben, wirkt das Thema oft abschreckend. Gibt es neben der Sprache noch weitere spezifische Herausforderungen, für die es andere Strategien oder ein Umdenken braucht?

Thomas Kreiter: Als Mobilitätsunternehmen sind wir gesetzlich verpflichtet, Deutsch als Unternehmenssprache zu verwenden, das ist im Eisenbahnwesen fast überall so geregelt. Mitarbeitende müssen sicherheitsrelevante Informationen verstehen, weitergeben und korrekt umsetzen können. Sprachkompetenz ist bei uns also nicht nur integrationsfördernd, sondern entscheidend für die Arbeitssicherheit. Daher gibt es bei uns auch keine ernsthafte Debatte darüber, ob gute Deutschkenntnisse notwendig sind, sie sind schlicht Voraussetzung.

Neben der Sprache arbeiten wir stark an unserer Unternehmenskultur. Unsere Unternehmenswerte und Führungsprinzipien wurden 2017/18 klar definiert und sind seither integraler Bestandteil von Mitarbeiter:innengesprächen und Zieldialogen. Das schafft eine wertschätzende, offene Zusammenarbeit, und wir leben diese Kultur auch im Alltag. Ich denke, das ist ein zentraler Erfolgsfaktor. Die ÖBB verstehen sich als Arbeitgeber für alle Menschen, die sich einbringen möchten – unabhängig von Herkunft oder Hintergrund. In anderen Bereichen, wie dem Drittstaaten-Recruiting, sind wir aktuell zurückhaltender. Ein weiterer Bereich, in dem wir uns sehr stark engagieren, ist die Kinderbetreuung. Gerade für Familien ist das ein entscheidender Faktor.

Frage: Welche Rolle spielte das Thema Corporate Social Responsibility, also das soziale Engagement des Unternehmens, wenn es darum ging, sich gezielt für die Zielgruppe von Geflüchteten einzusetzen? Die Marke ÖBB positioniert sich ja sehr bewusst nach innen und nach außen.

Thomas Kreiter: Das war bei uns kein ausschlaggebender Faktor. Wir haben mit dem Engagement für diese Zielgruppe begonnen, bevor Themen wie Nachhaltigkeitsberichterstattung oder soziale Zielsetzungen im Rahmen von CSR überhaupt eine größere Rolle gespielt haben. Das war ein ganz normaler Prozess.

Frage: Was würden Sie Unternehmen, die bisher noch keine Erfahrung mit der Beschäftigung von Menschen mit Fluchthintergrund gemacht haben, mitgeben?

Thomas Kreiter: Kein Potenzial am Arbeitsmarkt darf ungenutzt bleiben, auch aus volkswirtschaftlicher Sicht. Gerade in Zeiten, in denen der Wirtschaftsstandort Österreich unter Druck steht. Der Mensch ist die wichtigste Ressource in einem Unternehmen und das wird auch so bleiben, unabhängig davon, wie technisiert ein Unternehmen ist. Wir bei den ÖBB haben gute Erfahrungen mit Personen mit Fluchthintergrund gemacht. Natürlich ist es ein selektiver Prozess, nicht jede oder jeder bringt die nötigen Voraussetzungen mit oder ist bereit die notwendigen Anstrengungen zu erbringen, aber es lohnt sich genau hinzusehen. Diese Zielgruppe hat Potenzial, das nicht ignoriert werden sollte.

Zentrale Erkenntnisse aus dem Interview mit Thomas Kreiter, Personalchef der ÖBB-Infrastruktur

Erfolgreiche Integration von Menschen mit Fluchthintergrund gelingt, wenn Unternehmen Vielfalt als ökonomische Notwendigkeit begreifen, gezielt auf individuelles Potenzial setzen und Inklusion strukturell sowie kulturell verankern – im Vordergrund steht der Mensch, nicht die Herkunft.

1. Rekrutierung und Onboarding

- **Zielgerichtete Ansprache**: Die gezielte Öffnung für Menschen mit Fluchterfahrung und Kooperationen mit Vereinen helfen, das gesamte Arbeitskräftepotenzial zu erschließen und dem Fachkräftemangel zu begegnen.
- **Transparente und inklusive Kommunikation**: Offenheit und Vielfalt sichtbar leben – beispielsweise durch Role Models und breit angelegte Kampagnen, die unterschiedliche Zielgruppen ansprechen.
- **Strukturierte Programme für den Einstieg**: Der Start über strukturierte Ausbildungsprogramme (z. B. Lehrlingsausbildung) erleichtert Integration, fördert Gemeinschaft und bietet einen klaren Rahmen für Orientierung und Entwicklung.

2. Betrieblicher Alltag

- Wertschätzung individueller Potenziale: Mehrsprachigkeit, Motivation und vielfältige Perspektiven als Ressource für das Unternehmen anerkennen und fördern.
- Willkommenskultur leben: Offenheit, Respekt und gemeinsame Werte klar kommunizieren, regelmäßig ins Team tragen, im Alltag aktiv vorleben, aber auch einfordern, unabhängig von Herkunft oder persönlichen Hintergründen.
- Nachhaltigkeit: Erfolgreiche Integration mündet oft in langfristige Beschäftigung; Unternehmen profitieren von einer stabilen Retention, insbesondere bei Mitarbeitenden, die strukturiert integriert wurden.

3. Umgang mit Herausforderungen und Konflikten

- Abbau von Hürden: Die größte Herausforderung bleibt die Sprache, gefolgt von Aspekten wie Kinderbetreuung und Vereinbarkeit von Familie und Beruf. Hier ist gezielte Unterstützung sinnvoll.
- Normalisierung: Unterschiede werden nicht dauerhaft betont – Integration bedeutet, Mitarbeitende als festen Teil des Teams zu behandeln, nicht primär als „Geflüchtete".
- Klarheit bei Rechten und Pflichten: Strukturiertes Onboarding und klare Kommunikation unternehmensinterner Regeln helfen Unsicherheit und Konflikte zu reduzieren.

11.7 „Man braucht die Sprache, um die Menschen kennenzulernen, die Kultur und die Regeln zu verstehen und um seinen eigenen Lebensweg zu gestalten."

Interview mit Ayad Salim (54), der aus dem Irak geflüchtet ist. Seit Januar 2015 lebt er in Österreich und hat seit drei Jahren auch die österreichische Staatsbürgerschaft. In seiner Heimat war er als Journalist und TV-Reporter tätig, zuletzt als Leiter eines saudi-arabischen TV-Kanals in Bagdad. Herr Salim hat einen Bachelorabschluss in Dolmetschen (Englisch-Arabisch) und Philosophie sowie Zusatzdiplome in den Bereichen Ernährung, Medizin und Psychologie erworben. Derzeit arbeitet er als Zugführer bei den ÖBB und ehrenamtlich als Sprachtrainer bei der Diakonie.

Frage: Herr Salim, wie sind Sie auf die ÖBB als Arbeitgeber aufmerksam geworden und was hat Sie dazu motiviert, sich zu bewerben?
Ayad Salim: Zu Beginn habe ich versucht, als Journalist zu arbeiten. Was mich hier jedoch etwas enttäuscht hat, ist, dass in diesem Bereich fast alles auf Deutsch sein muss. In meiner Heimat haben etwa 80 % der TV-Kanäle eine englischsprachige Abteilung, und man kann sowohl Arabisch als auch Englisch sprechen. Dadurch war die Arbeit als Journalist am Anfang aufgrund meiner Deutschkenntnisse nicht möglich. Von 2018 bis 2019 war ich bei der Caritas. Davor habe ich freiwillig als Betreuer von Menschen mit Behinderung gearbeitet. Danach habe ich von einem Freund vom Unternehmen Newrest erfahren, das Catering und weitere Aufgaben auf Bahnstrecken anbietet. Er hat mich darüber informiert, dass es Mitarbeiter:innen sucht. Das hat geklappt und ich habe drei Jahre lang bei Newrest gearbeitet. Anschließend habe ich den Kurs zum Zugführer begonnen. Zuerst wollte ich bei Newrest bleiben, aber dann habe ich mich entschieden, bei der ÖBB als Zugführer zu arbeiten. Die ÖBB ist ein staatliches Unternehmen, eine respektable Firma, bei der man sich sicher fühlen kann. Nach der Corona-Pandemie wussten wir bereits, dass die ÖBB Mitarbeiter:innen sucht und sucht. In meinem Alter war das die beste Möglichkeit für mich, auch weil ich gerne mit Menschen arbeite. Als

Journalist hatte ich immer Kontakt zu Menschen, und diese Interaktion fehlte mir. 2022 habe ich dann bei der ÖBB angefangen und arbeite bis heute dort. Die Kolleginnen und Kollegen sind alle sehr nett, die Chefs sind wie Freunde, und das Arbeitsumfeld ist wirklich angenehm.

Frage: Was denken Sie, rückblickend, hat Ihnen dabei geholfen, dass die Bewerbung bei den ÖBB erfolgreich war?

Ayad Salim: Ich hatte bereits Erfahrung als Eisenbahner beim Newrest gesammelt. Die Tests und Aufgaben, die mir von der ÖBB gestellt wurden, habe ich deshalb erfolgreich bestanden. Außerdem spreche ich drei Sprachen, Deutsch, Englisch und Arabisch. Das hilft mir, mit den Leuten im Zug besser zu kommunizieren.

Frage: Wie war die erste Zeit im neuen Job? Was hat Ihnen am neuen Arbeitsplatz geholfen, um sich zu behaupten und einen „guten Job" zu machen?

Ayad Salim: Zu Beginn erhielten wir eine gründliche Ausbildung, die mit einer Prüfung abschloss. Erst nach dem Bestehen dieser Prüfung durfte man im Zug arbeiten. Zusätzlich gab es eine Praxisphase, und selbstverständlich unterstützten uns die Kolleginnen und Kollegen bei verschiedenen Fragen. Die Vorgesetzte vor Ort war stets offen für Anfragen und sowohl persönlich als auch telefonisch jederzeit erreichbar. Natürlich haben mir auch viele Menschen im privaten Umfeld geholfen, die mittlerweile zu engen Freunden geworden sind. Ohne diese Unterstützung hätten wir unseren Weg in Österreich nicht finden können. Sie waren von Anfang an für uns da und haben dafür gesorgt, dass wir hier nicht nur als eine Nummer wahrgenommen werden, sondern als ein aktiver Teil der Gesellschaft. Da ich viel von dieser Gesellschaft erhalten habe, wollte ich auch etwas zurückgeben. Am besten konnte ich das im Bereich Musik und Essen tun. Deshalb habe ich einen arabischen Kulturverein zur Förderung der Integration gegründet, der den Namen „Marhaba" trägt, was auf Arabisch „Willkommen" bedeutet. In diesem Verein organisieren wir verschiedene Aktivitäten mit dem Ziel, eine Brücke zwischen der österreichischen und der arabischen Kultur zu schlagen. Ich finde, das ist sehr wichtig, um das Bild von Flüchtlingen, das oft durch die Medien vermittelt wird, zu korrigieren. Der Wille zur Integration muss immer von beiden Seiten kommen, nicht nur von einer.

Frage: Gab es auch Schwierigkeiten in der Zeit im neuen Job und falls ja, wie haben Sie diese überwunden?

Ayad Salim: Die größte Herausforderung ist definitiv die Sprache, wobei auch die verschiedenen Dialekte eine wichtige Rolle spielen. In den Kursen lernt man Hochdeutsch, aber nicht die Alltagssprache. Ich habe nur bis zum Niveau A2 Sprachkurse besucht. Danach habe ich mir selbstständig Deutsch beigebracht, unter anderem mit Hilfe von YouTube. Mittlerweile ist mein Sprachniveau B2, und ich habe die Hälfte des C1-Sprachkurses abgeschlossen. Vieles habe ich zu Beginn auch durch Zuhören, zum Beispiel im Bus, gelernt. In der Arbeit muss man zudem immer konzentriert sein, da man für den gesamten Zug verantwortlich ist. Eine weitere Herausforderung waren die kleinen kulturellen Unterschiede, zum Beispiel, wie die Leute im Zug sitzen. Einige stellten ihre Füße auf die Sitzbänke, und dann musste man immer sagen: „Bitte nehmen Sie den Fuß runter." Oder es kam oft vor, dass Personen „pst" sagten, um dich zu unterbrechen. Das funktioniert in meinem Heimatland aber nicht. Man muss immer „Stopp" oder „warte" sagen. In dieser Hinsicht hat mir meine Erfahrung als Dolmetscher im Irak geholfen, wo ich mit Menschen aus verschiedenen Kulturen in Gruppen zusammenarbeitete. Diese Kleinigkeiten sind zwar nicht bedeutend, aber wenn man sie nicht versteht, kann es passieren, dass man eine Situation aufgrund einer kleinen, unbedeutenden Sache falsch auffasst.

Frage: Was möchten Sie Unternehmen mitgeben, die vielleicht überlegen, geflüchtete Menschen einzustellen, sich bisher aber noch nicht getraut haben? Ihre Erfahrung zeigt, dass es sich lohnt, über den eigenen Schatten zu springen und den Schritt zu wagen.

Ayad Salim: Meine Empfehlungen richten sich eher an Staat und Gesetzgeber als an Unternehmen, denn die machen bereits vieles richtig. Aus meiner Sicht sind die größten Hürden die Anerkennung von Bildungsabschlüssen und die Bürokratie. Ich habe vier Zertifikatskurse absolviert, konnte diese jedoch aufgrund meiner damaligen Situation nicht in Österreich anwenden. Außerdem habe ich ein Bachelorstudium im Irak absolviert, das erst jetzt in Österreich anerkannt wurde. Das finde ich schade, denn wir haben in unserer Heimat etwas gelernt, das wir hier nicht anbieten können. Das ist im Irak einfacher. Wenn man beispielsweise Arzt ist und in den Irak flüchten muss, aber keine Nachweise zum Abschluss eines Medizinstudiums besitzt, besteht die Möglichkeit, eine Prüfung abzulegen, um das fachliche Wissen als Arzt nachzuweisen. Falls man diese Prüfung besteht, darf diese Person als Arzt arbeiten. Das ist viel pragmatischer.

Was ich ebenfalls sehr schade finde, ist, dass man während der Asylantragsphase nur nach Überwindung vieler bürokratischer Hürden arbeiten darf – de facto ist das immer noch ein Arbeitsverbot. Ein guter Freund von mir, der ebenfalls geflüchtet ist, aber noch keinen positiven Asylbescheid hat, ist ein sehr guter Automechaniker. Zwei Firmen wollten ihn unbedingt einstellen, aber aus bürokratischen Gründen hat es nicht geklappt. Dass finde ich nicht gut, denn eine Arbeit zu haben fördert auch die Motivation, um Deutsch zu lernen. Wenn diese Person arbeiten darf, bekommt sie Geld. Dann lernt sie die Sprache und arbeitet weiterhin, damit ihr Gehalt steigt. Auch das ist meiner Meinung nach Integration und stellt einen wesentlichen Vorteil für die Gesellschaft dar.

Frage: Diese Erfahrung machen auch viele Unternehmen: „On the job" lernt sich die Sprache am besten. Wäre das auch etwas, das Sie anderen Geflüchteten raten, die eine Arbeit suchen oder vor dem ersten Job in Österreich stehen – die deutsche Sprache rasch zu lernen, um besseren Zugang zur österreichischen Gesellschaft und Arbeitswelt zu erhalten?
Ayad Salim: Für mich war die Flucht nach Österreich sowohl im Hinblick auf Arbeit als auch auf Finanzen ein Rückschritt. Im Irak hatte ich einen guten Job und war finanziell gut gestellt. Doch als ich flüchten musste, war plötzlich alles weg. Warum war es ein Rückschritt? Weil ich die Sprache nicht konnte. Man kommt hierher und sieht ein tolles Glasgebäude, die Möbel sind schön, es ist warm und das Essen sieht lecker aus. Aber man kann das Haus nicht betreten. Warum nicht? Weil man keinen Schlüssel hat. Der Schlüssel ist die deutsche Sprache. Man

braucht die Sprache, um die Menschen kennenzulernen, die Kultur und die Regeln zu verstehen und um seinen eigenen Lebensweg zu gestalten. Die Gesellschaft unterstützt einen dabei, es gibt viele Organisationen, die helfen. Aber geflüchtete Menschen brauchen einen Zugang, eine Brücke zu diesen Organisationen.

Zentrale Erkenntnisse aus dem Interview mit Ayad Salim, Zugführer bei den ÖBB und ehemaliger Journalist im Irak

Integration Geflüchteter gelingt, wenn Sprachkompetenz aktiv gefördert, Vorerfahrungen anerkannt und soziale Brücken gebaut werden. Persönliches Engagement sowie eine offene Unternehmenskultur beschleunigen den Start und stärken die Motivation – entscheidend sind gezielte Unterstützung im Alltag und gegenseitige Wertschätzung.

1. Rekrutierung und Onboarding

- **Berufliche Vorerfahrung** ist hilfreich – auch, wenn sie in anderen Tätigkeitsfeldern stattgefunden hat. Denn die so gesammelten praktischen Erfahrungen und Sprachkenntnisse (Deutsch, Englisch, Arabisch) verschaffen Vorteile bei der Bewerbung und beim erfolgreichen Eintritt ins Unternehmen.
- **Betriebliche Weiterbildung**: Eine fundierte Einschulungsphase inkl. Abschlussprüfung, gefolgt von einer begleitenden Praxisphase wirkt qualitätssichernd und gibt wertvolle Orientierung.
- **Unterstützung durch Kolleg:innen und Führungskräfte**: Ansprechbare Vorgesetzte und hilfsbereite Kolleg:innen helfen, Anfangsschwierigkeiten zu überwinden. Das gelingt auch ganz ohne formalisierte Buddy- oder Mentoringsysteme.

2. Betrieblicher Alltag

- **Schlüsselrolle Sprache**: Deutschkenntnisse sind essenziell, um im neuen Job bestehen und gesellschaftlich ankommen zu können.
- **Persönliche und berufliche Netzwerke**: Unterstützung durch Freunde, Familie und neue Kolleg:innen ist zentral, um den Alltag zu meistern und Teil der Gemeinschaft zu werden, hilft aber auch bei der Jobsuche. Denn auch für geflüchtete Arbeitssuchende gilt: „Vitamin B" für „Beziehungen" ist zentral.

3. Empfehlungen und Erfolgsfaktoren

- **Ehrenamtliches Engagement** fördert wichtige Kompetenzen, die auch im Beruf gefragt sind, und kann zum Brückenbau zwischen Kulturen beitragen.
- **Offenheit und Mut**: Personalverantwortliche und Führungskräfte, die Geflüchteten eine Chance geben, profitieren von deren Motivation, Mehrsprachigkeit und interkultureller Kompetenz.
- **Verbleib im Unternehmen fördern**: Begleitung und kontinuierliche Wertschätzung sind entscheidend, um neue Mitarbeitende nachhaltig einzubinden und Vorurteile abzubauen.

11.8 „Natürlich ist Arbeit wichtig, aber noch wichtiger ist der Austausch – das Miteinander-Teilen und das gegenseitige Verstehen."

Khulood Alzaidi kommt aus dem Irak und lebt seit 2015 in Österreich. Sie hat in der Heimat Englisch studiert und in Österreich einen Bachelorabschluss in Kulturmanagement und einen Master in International Management erworben. Derzeit arbeitet sie bei der Österreichischen Post in Villach, wo sie im Postlager Briefe und Pakete sortiert.

Frage: Könnten Sie mir zum Einstieg vielleicht Ihren aktuellen Tätigkeitsbereich beschreiben?

Khulood Alzaidi: Meine Tätigkeit beinhaltet das Sortieren von Briefen an der Maschine. Manchmal sortiere ich Briefe auch händisch.

Frage: Welche beruflichen Erfahrungen konnten Sie davor sammeln, im Irak wie auch in Österreich?

Khulood Alzaidi: Meine erste Arbeitserfahrung sammelte ich im Medienbereich. Ich arbeitete für eine Zeitschrift im Bereich Frauenrechte. Ein Teil meiner Tätigkeit bestand darin, Texte vom Arabischen ins Englische zu übersetzen. Danach habe ich in Jordanien acht bis zehn Jahre im Bereich Projektmanagement für eine NGO mit Schwerpunkt auf Frauenrechten gearbeitet.

Frage: Wie sind Sie in Österreich zur Post gekommen? Vielen Menschen mit Fluchthintergrund fällt es anfangs schwer, einen guten und nachhaltigen Job zu finden.

Khulood Alzaidi: Eine Freundin, mit der ich im Deutschkurs war, hat mir die Post empfohlen. Sie erzählte mir, dass es dort offene Stellen gibt und riet mir, mich zu bewerben. Daraufhin habe ich im Internet nach offenen Stellen gesucht und mich schließlich auf meine aktuelle Position beworben. Und es hat gleich geklappt.

Frage: Was glauben Sie, hat Ihnen geholfen, dass die Bewerbung erfolgreich war?

Khulood Alzaidi: Alles lief online ab: Ich habe meinen Lebenslauf und mein Motivationsschreiben hochgeladen, und der Prozess ging wirklich sehr schnell. Schon nach wenigen Tagen wurde ich angerufen und gefragt, ob ich sofort anfangen könne.

Frage: Und was hat Ihnen in der Anfangszeit an Ihrem neuen Arbeitsplatz geholfen? Die Einschulung, die ein Betrieb anbietet, kann entscheidend sein.

Khulood Alzaidi: Am Anfang musste man sich erst mit den Maschinen vertraut machen. Wir waren vier neue Mitarbeiter:innen und teilten uns auf zwei Maschinen auf. Dann kam eine Kollegin zu uns und erklärte uns alles; welche Zeichen was bedeuten, wie man die Briefe sortiert, die Maschine ein- und ausschaltet und wie man die Versandetiketten ausdruckt. Später hatten wir noch eine Schulung, das war wirklich sehr gut.

Frage: Gab es anfangs auch Schwierigkeiten? Wie haben Sie diese überwunden?

Khulood Alzaidi: Meine größte Schwierigkeit am Anfang war die Sprache, denn das, was ich gelernt hatte, war nicht dasselbe, wie die Leute tatsächlich sprachen. In der Post redeten alle sehr schnell und oft im Dialekt. Außerdem waren die Fachbegriffe für mich schwer zu verstehen, und die große Menge an Briefen war eine zusätzliche Herausforderung. Die zweite Schwierigkeit war, dass ich zwar Kultur an der Universität studiert hatte, aber das war oft sehr theoretisch. Für mich war es schwierig, die genaue Bedeutung einer Aussage zu verstehen, da sie je nach Situation unterschiedlich gemeint sein konnte. Am Anfang wusste ich nicht, ob etwas ernst oder scherzhaft gemeint war. Wenn andere redeten, war ich unsicher, ob ich lachen oder anders reagieren sollte.

Frage: Das muss anfangs sehr anstrengend gewesen sein.

Khulood Alzaidi: Ja, war es. Ich erinnere mich noch an eine Episode aus dieser Zeit. Wir müssen die Briefe nach Postleitzahl sortieren. Ich versuchte, einen Brief in den dafür vorgesehenen Container zu werfen, aber der Brief fiel hinter den Container. Ein Mann stand daneben, machte einen Witz und sagte: „So fliegt er direkt zum Kunden." Zuerst dachte ich, er meinte, dass ich den Brief viel zu weit geworfen hatte, aber er wollte nur einen Spaß machen. Ich habe das erst am nächsten Tag verstanden. In unserer Kultur sagt man, dass man dumm ist, wenn man die Pointe erst am nächsten Tag versteht. Ich erinnere mich immer noch an dieses Erlebnis, obwohl es schon zwei Jahre her ist. Rückblickend ist es lustig für mich.

Frage: Was würden Sie Unternehmen mitgeben, die vielleicht auch geflüchtete Menschen einstellen wollen, aber das bisher noch nicht getan haben. Gibt es Tipps, die Sie aus Ihrer persönlichen Erfahrung gelernt haben?

Khulood Alzaidi: Bei der Post gibt es viele verschiedene Nationalitäten. Wenn Ausländer zur Arbeit kommen, haben sie oft ihre eigene „Ecke". Manchmal ist sie nicht sichtbar, aber spürbar. Wir als Ausländer haben die österreichische Kultur gelernt, aber die Österreicher kennen unsere Kultur nicht. Dadurch gibt es immer eine gewisse Grenze zwischen uns. Ich wollte immer versuchen, dass wir uns mehr austauschen, damit wir einander besser kennenlernen. Sonst bleibt oft eine Trennung zwischen Österreichern und Nicht-Österreichern bestehen.

Frage: Und was würden Sie umgekehrt anderen geflüchteten Menschen mitgeben, die sich bei einem Unternehmen bewerben wollen, aber bisher noch nicht erfolgreich waren?

Khulood Alzaidi: Man darf nicht aufgeben. Man muss es immer wieder versuchen und offen für Neues bleiben. Manchmal ist es nicht einfach, genau das zu finden, was wir erreichen wollen. Doch wenn wir es versuchen, lernen wir dazu, entdecken neue Möglichkeiten und sammeln wertvolle Erfahrungen.

Frage: Möchten Sie abschließend noch etwas teilen, das Ihnen am Herzen liegt?

Khulood Alzaidi: Ich glaube, es ist wichtig, dass die Gesellschaft versteht, dass Ausländer auch nur Menschen sind und eine echte Chance brauchen. Und diese Chance bedeutet nicht nur Arbeit. Natürlich ist Arbeit wichtig, aber noch wichtiger ist der Austausch – das Miteinander-Teilen und das gegenseitige Verstehen. Ohne diesen Austausch bleiben Ausländer und Asylsuchende oft eine eigene Gruppe, und so entstehen viele getrennte Gruppen in der Gesellschaft. Für die Zukunft, für uns und unsere Kinder, wäre es viel besser, wenn wir eine gemeinsame Gesellschaft bilden. Nur so können wir aktiv etwas beitragen und gleichzeitig von der Gesellschaft profitieren. Es sollte ein Geben und Nehmen sein. Aber wenn jeder nur an sich denkt und sagt: „Das ist nicht meine Gruppe", dann können wir nichts Sinnvolles für die Gesellschaft tun.

Zentrale Erkenntnisse aus dem Interview mit Khulood Alzaidi, Postmitarbeiterin in Villach

- **Netzwerke können unterstützen:** Informelle Netzwerke und Empfehlungen, wie etwa Kontakte im Sprachkurs, sind oft entscheidend beim Zugang zum Arbeitsmarkt.
- **Humankapital ist übertragbar:** Berufliche und akademische Vorerfahrungen (wie Sprachkenntnisse und Studienabschlüsse) erhöhen die Chancen auf eine erfolgreiche Bewerbung – auch wenn die Fachrichtung vom neuen Job abweicht.
- **Einschulungsangebot wird geschätzt:** Eine solide Einstiegsphase ist essenziell und hilft Unsicherheiten zu überwinden. Humor und Offenheit im Team erleichtern den Einstieg und helfen, kulturelle Missverständnisse abzubauen.

- **Miteinander leben**: Integration am Arbeitsplatz gelingt besser, wenn Austausch und gegenseitiges Verständnis aktiv gefördert werden. Gemeinsames Miteinander und das Teilen von Erfahrungen sind mindestens so wichtig wie die eigentliche Arbeit. Kulturelle Distanzen bleiben spürbar, solange die Mehrheitsgesellschaft wenig über die Herkunftskulturen der Geflüchteten weiß. Geflüchtete profitieren von ermutigenden Kolleg:innen und Vorgesetzten.

11.9 „Dann kam die typische Frage im Bewerbungsgespräch: ‚Wo sehen Sie sich in fünf Jahren?' Und ich antwortete: ‚Ich sehe mich als Vorstand.'"

Mohamad Alhallak (23) stammt aus Syrien und lebt seit Dezember 2015 in Österreich. Vor zwei Jahren erhielt er die österreichische Staatsbürgerschaft. Er ist verheiratet und hat zwei Kinder. In Syrien begann er bereits mit elf Jahren in einem Bekleidungsgeschäft zu arbeiten, um seine Eltern finanziell zu unterstützen. Später hat er auch seinem Vater, der Automechaniker und Autospengler ist, geholfen und ihn bei seiner Arbeit begleitet.

Frage: Wie sah ihr weiterer Bildungsweg in Österreich aus, als Sie als Jugendlicher hier angekommen sind?
Mohamad Alhallak: In Österreich besuchte ich die letzte Klasse der Hauptschule. Danach wollte ich mich eigentlich für ein Internatsgymnasium anmelden, aber meine Englischkenntnisse waren nicht gut genug, da ich mich vor allem auf die deutsche Sprache konzentriert hatte. Es blieben also nur zwei Optionen für mich: Entweder gehe ich arbeiten oder ich besuche die Handelsschule. Auch wenn ich nicht genau wusste, was die Handelsschule ist, entschied ich mich dafür. Nach drei Jahren schloss ich die Handelsschule in Neunkirchen ab und begann anschließend zwei Jahre lang bei McDonald's zu arbeiten. Da mir dieser Job jedoch nicht zusagte, entschied ich mich, mich nach einer anderen Stelle umzusehen.

Ich überlegte, welcher Job zu mir passen könnte. Die Arbeitszeiten sollten flexibel sein, aber ich wollte keine unterschiedlichen Schichten wie bei McDonald's, wo man oft nur 24 h vorher angerufen wurde und gebeten wurde, am nächsten Tag um 4 Uhr zu arbeiten. Das und die Arbeit an sich gefielen mir dort überhaupt nicht. Ich bewarb mich bei verschiedenen Stellen, unter anderem als Versicherungsberater, Bankberater und Verkäufer im Einzelhandel. Zum Glück erhielt ich zwei Einladungen zu Bewerbungsgesprächen – ich entschied mich für die Sparkasse. Das Bewerbungsgespräch lief sehr gut, sodass ich direkt im Oktober 2021 bei der Wiener Neustädter Sparkasse anfing.

Frage: Wie sind Sie auf die Sparkasse aufmerksam geworden und was hat Sie motiviert, sich auf diese Stelle zu bewerben?

Mohamad Alhallak: Ich dachte mir, dass ich etwas Besseres für mich finden möchte. Nach dem Abschluss der Handelsschule arbeiten viele im Bürobereich, aber ich wollte nicht einfach nur in einem Büro sitzen. Ich wollte mich weiterentwickeln. Es war mir wichtig, mich gut zu präsentieren und zu zeigen, was ich kann. Genau deshalb hat mir das Bewerbungsgespräch bei der Wiener Neustädter Sparkasse gefallen – Sie wollten wissen, was mir wichtig ist und wie ich mich selbst sehe. Dann kam die typische Frage im Bewerbungsgespräch: „Wo sehen Sie sich in fünf Jahren?" Und ich antwortete: „Ich sehe mich als Vorstand." Sie haben mich dann angesehen und gesagt: „Schauen wir mal, ob das funktioniert." Daraufhin sagte ich, dass ich auch gerne einmal zeigen möchte, was ich kann. Mir wurde erklärt, dass es jedes Jahr eine Ausbildung gibt, die eine höhere Qualifikation ermöglicht und Aufstiegschancen bietet. Das hat mir sehr gefallen. Im Versicherungsbereich ist man stark von der Provision abhängig und der Druck, mehr zu verkaufen, ist hoch. Deshalb war mir die Bank lieber. Hier habe ich die Möglichkeit, mich weiterzuentwickeln. Die Wiener Neustädter Sparkasse ist eine Regionalbank und in Wiener Neustadt gut bekannt. Das gibt mir die Chance, mich wirklich zu zeigen und genau das zu tun, was ich mir immer gewünscht habe.

Frage: Was hat Ihnen bei der erfolgreichen Bewerbung geholfen? Hat der Handelsschulabschluss aus Österreich dazu beigetragen?

Mohamad Alhallak: Bevor ich mich bei der Wiener Neustädter Sparkasse beworben habe, hatte ich immer gehört, dass man, um bei einer Bank zu arbeiten, einen Abschluss von der Handelsakademie benötigt, da diese mit Matura ist. Ich war wohl auch ein bisschen ein Projekt für die Sparkasse. Sie waren auf der Suche nach Menschen, die sich wirklich weiterentwickeln wollen. Ich möchte nicht sagen, dass die Handelsschule mir nicht geholfen hat, natürlich hat Sie das, aber wichtig war das Commitment der Sparkasse mir eine Chance zu geben. Vor mir gab es keine geflüchteten Personen in der Filiale.

Frage: Was hat Ihnen denn in der ersten Zeit am Arbeitsplatz geholfen, um gut reinzufinden?

Mohamad Alhallak: Es waren vor allem die Arbeitskolleg:innen, die mir geholfen haben. Ich habe in Österreich viele rassistische Erfahrungen gemacht. Warum das so war, weiß ich nicht genau. Vielleicht wegen meines Bartes, meiner Hautfarbe oder auch wegen meiner Muttersprache. Wenn ich zum Beispiel mit meinen Eltern oder meinem Bruder in der Öffentlichkeit spreche, dann sprechen wir Arabisch. Das kommt nicht immer so gut an. Meine Arbeitskolleg:innen dagegen waren wirklich sehr nett und haben mich stets unterstützt. Aber es kommt auch auf die eigene Persönlichkeit und den Charakter an.

Frage: Gab es anfangs auch Schwierigkeiten am neuen Arbeitsplatz? Zum Beispiel das fachspezifische Deutsch, eine ungewohnte Umgebung oder die neue berufliche Herausforderung.

Mohamad Alhallak: Es waren vor allem die Fachbegriffe. Da habe ich mir schwergetan. Allein schon, dass ich das überhaupt erstmal verstehen musste und es dann auch noch den Kund:innen erklären sollte, war für mich sehr schwer. Besonders, weil man in der Handelsschule gar nicht so viele Bankbegriffe lernt. Als ich bei McDonald's gearbeitet habe, wo viele Menschen eine andere Muttersprache hatten, konnte ich mein Deutsch auch nicht wirklich verbessern. Ich bin der Meinung, dass man Sprache wirklich leben muss, und bei McDonald's war das gar nicht der Fall. Als ich dann bei der Sparkasse angefangen habe, habe ich zu Beginn gemerkt, dass mein Deutsch nicht ausreicht, um mit den Kund:innen zu sprechen. Aber wie gesagt, dank der Unterstützung meiner Kolleg:innen hat nach etwas Zeit alles problemlos funktioniert.

Was anfangs auch ungewohnt war, für beide Seiten, ist, dass ich muslimischen Glaubens bin. Es kam vor, dass Mitarbeiter:innen nach der Arbeit noch gemeinsam ein Bier trinken gingen. Das war für mich ungewohnt, weil es im Islam verboten ist. Aber ich kann auch gerne daneben sitzen und Wasser trinken, ohne dass es für mich oder für die anderen ein Problem darstellt. Manchmal bete ich auch während des Tages, was mir mein Filialleiter ausdrücklich erlaubt hat. Es gibt zwar keinen eigenen Raum dafür, aber im hinteren Bereich des Lagers kann ich ungestört meinen Gebetsteppich ausbreiten. Oder ich mache es direkt in meinem Büro und schließe kurz die Tür. Die meisten Kolleg:innen zeigten sich interessiert daran, ein Problem damit hat niemand.

Frage: Was möchten Sie Unternehmen mitgeben, die überlegen, geflüchtete Menschen einzustellen, aber sich vielleicht noch nicht getraut haben?
Mohamad Alhallak: Ich weiß, dass die Einschulung eines neuen Mitarbeiters Zeit und Geld kostet, und das unabhängig davon, woher er oder sie kommt. Es gibt sehr fleißige Menschen aus Österreich und sehr fleißige aus Syrien, aber auch demotivierte aus beiden Ländern. Das hat gar nichts mit der Fluchtgeschichte oder der Staatsbürgerschaft zu tun. Mein Tipp an die Unternehmen ist einfach, es zu versuchen, eine geflüchtete Person anzustellen. Vielleicht kann ein Flüchtling mehr leisten als ein österreichischer Arbeitnehmer, der einfach nur angestellt wird, weil er eben Österreicher ist. Letztlich hat sich niemand von uns ausgesucht, wo wir auf der Welt geboren werden oder wer unsere Eltern sind.

Frage: Und was würden Sie anderen Geflüchteten mitgeben, die sich bewerben wollen oder die jetzt erst am Beginn ihrer beruflichen Reise stehen, die Sie schon erfolgreich hinter sich gebracht haben?
Mohamad Alhallak: Da folge ich dem Motto der Sparkasse: „Glaub an dich." Man muss wirklich an sich selbst glauben und darf sich nicht demotivieren lassen, selbst bei Rückschlägen. Man kann es immer wieder versuchen. Es geht darum, mehr an sich selbst zu glauben, sich zu motivieren und vor allem zu zeigen, was man kann.

Zentrale Erkenntnisse aus dem Interview mit Mohamad Alhallak, Angestellter bei der Wiener Neustädter Sparkasse

- **Chancen für untypische Lebensläufe:** Nicht strikt auf formelle Abschlüsse oder spezifische Ausbildungsgänge bestehen, sondern Menschen mit Entwicklungspotenzial gezielt fördern und ihnen Chancen bieten, auch wenn ihr Bildungsweg nicht typisch ist. Neben Qualifikationen sind Charakter und persönliche Motivation entscheidend. Es gilt, auf Motivation, Lernbereitschaft und Teamfähigkeit zu achten, statt ausschließlich auf formale Kriterien.
- **Aktive Unterstützung beim Einstieg:** Geflüchtete stehen häufig vor sprachlichen und kulturellen Herausforderungen. Der Einstieg in den Arbeitsmarkt gelingt besser, wenn Kolleg:innen aktiv unterstützen, geduldig sind und beim Onboarding Hilfestellungen bieten.
- **Respekt gegenüber religiösen und kulturellen Unterschieden:** Religiöse Gewohnheiten (z. B. Gebetszeiten, Essensregeln) und kulturelle Unterschiede sollten flexibel berücksichtigt werden. Toleranz und praktische Lösungen im Arbeitsalltag fördern das Zugehörigkeitsgefühl.
- **Fokus auf Persönlichkeit und Potenzial:** Neben Qualifikationen sind Charakter und persönliche Motivation entscheidend. Unternehmen sollten gezielt auf Motivation, Lernbereitschaft und Teamfähigkeit achten statt ausschließlich auf formale Kriterien.

11.10 „Man sollte sich schnell entscheiden und Fachkräfte aus der Ukraine einstellen – sonst ist vielleicht ein anderes Unternehmen schneller!"

Interview mit Iryna Kyrianova, die 2022 mit ihren beiden Kindern aus Lwiw nach Österreich gekommen ist. In der Ukraine war sie 16 Jahre lang als UX/UI-Designerin (User Experience- und User Interface-Designerin) tätig.

Frage: Wie waren Ihre Erfahrungen der Jobsuche in Österreich?

Iryna Kyrianova: Im Sommer 2022 habe ich beschlossen, hier in Österreich nach einem Job zu suchen, da es mir wichtig war, Steuern zu zahlen und als Angestellte in dem Land zu arbeiten, in dem ich lebe. Ich begann, mich über LinkedIn und andere Jobportale auf Stellen zu bewerben – auf Positionen in meinem Fachbereich, die nur Englischkenntnisse erforderten. Ich konnte damals überhaupt kein Deutsch, aber es gab in Österreich eine ganze Reihe von Unternehmen, die für Designerstellen nur Englisch verlangten und die Möglichkeit boten, vollständig remote zu arbeiten. Ein hybrides Arbeitsmodell wäre für mich ebenfalls in Ordnung gewesen.

Frage: Wie sind Sie auf das Unternehmen, in dem Sie arbeiten, aufmerksam geworden und was hat Sie dazu motiviert, sich zu bewerben?

Iryna Kyrianova: Ich habe mich vier Monate lang auf Stellen beworben und Vorstellungsgespräche geführt. Das hat ziemlich viel Zeit in Anspruch genommen, da viele Unternehmen bis zu sechs Gesprächsrunden mit verschiedenen Teammitgliedern hatten. Über das Unternehmen, in dem ich jetzt arbeite, habe ich auch über LinkedIn erfahren. Ich habe mich auf die Stelle beworben, und der CPO (Chief Product Officer) hat mir sofort geantwortet, dass meine Erfahrung passt, und wir haben ein Gespräch vereinbart. In der nächsten Woche hatte ich mein erstes Interview mit dem CPO des Unternehmens, am nächsten Tag ein weiteres mit ihm und einem anderen Mitarbeiter. Ein paar Tage später bekam ich ein Jobangebot – zunächst nur in Teilzeit, aber nach einem Monat wurde mir eine Vollzeitstelle angeboten.

Frage: Was hat Ihnen in der ersten Zeit am neuen Arbeitsplatz geholfen? Gab es zum Beispiel Kolleg:innen, die besonderes unterstützten, oder andere Onboarding-Tools?

Iryna Kyrianova: Ich habe mich im Team sehr wohl gefühlt. Ich habe mit dem CPO und dem Entwickler kommuniziert. Das Unternehmen war zu diesem Zeitpunkt noch ein kleines Startup mit insgesamt 5–6 Personen, einschließlich mir. Alle waren sehr freundliche Menschen und gute Fachleute. Ich konnte sofort problemlos arbeiten, da es keine Sprachbarrieren gab – das gesamte Team sprach gut Englisch, die Dokumentation war ebenfalls auf Englisch, und die Aufgaben sowie Verantwortlichkeiten waren einfach zu verstehen, da ich bereits ausreichend Erfahrung in diesem Bereich hatte. Nach ein bis zwei Tagen war ich vollständig in den Arbeitsprozess integriert.

Frage: Was waren Schwierigkeiten in dieser Zeit und wie haben Sie diese überwunden?

Iryna Kyrianova: Es gab keine Schwierigkeiten. Ich hatte zuvor in der Ukraine ebenfalls remote für ausländische Unternehmen gearbeitet, daher war mir alles bereits vertraut und gut eingespielt. Der Hauptsitz des Unternehmens befindet sich in Wels, aber ich konnte remote arbeiten und kam etwa alle ein bis zwei Monate ins Büro, wenn es nötig war.

Ich arbeite immer noch in diesem Unternehmen – inzwischen seit zweieinhalb Jahren. Im letzten Jahr ist das Unternehmen gewachsen, die Mitarbeiterzahl ist gestiegen. Es ist natürlich schön zu sehen, wie sich das Unternehmen von einem kleinen Startup zu einem größeren und stärkeren Unternehmen entwickelt und man selbst Teil des Teams ist. Ich bin meinen Kolleginnen und Kollegen sehr dankbar für diese Möglichkeit und die Zusammenarbeit.

Frage: Was möchten Sie Unternehmen mitgeben, die vielleicht überlegen, geflüchtete Menschen einzustellen, sich bisher aber noch nicht getraut haben?

Iryna Kyrianova: Man sollte sich schneller entscheiden und Fachkräfte aus der Ukraine einstellen – sonst sind sie weg, weil ein anderes Unternehmen schneller war!

Frage: Und was raten Sie anderen Geflüchteten, die vor ähnlichen Herausforderungen stehen?

Iryna Kyrianova: Ich kann nicht für alle sprechen, weil jeder seine eigene Situation hat, aber ich persönlich glaube, dass man weniger Angst haben und zögern, sondern einfach handeln, ausprobieren und sich bewegen sollte. Dann ergeben sich auf jeden Fall die richtigen Möglichkeiten, Menschen und der passende Job.

Zentrale Erkenntnisse aus dem Interview mit Iryna Kyrianova, UX/UI-Designerin (User Experience- und User Interface-Designerin)

- **Englische Arbeitssprache ermöglicht Zugang zu Fachkräften mit Fluchthintergrund:** Interne Kommunikation und Dokumentation auf Englisch öffnet den Bewerberkreis enorm, da Deutschkenntnisse nicht zwingend vorausgesetzt werden müssen.
- **Remote-Arbeit und flexible Modelle fördern Diversität:** Flexible oder hybride Arbeitsmodelle erleichtern die Vereinbarkeit von Beruf und Familie – ein Pluspunkt, um motivierte und qualifizierte Bewerber:innen zu gewinnen.
- **Effizientes Onboarding ohne unnötige Bürokratie:** Strukturiertes, aber schnelles Onboarding, klare Ansprechpersonen und kleine, unterstützende Teams sorgen für einen reibungslosen Start.
- **Berufliche Vorerfahrung und Kompetenzen anerkennen:** Unternehmen profitieren, wenn sie vorhandene Kompetenzen und Erfahrungen von Menschen mit Fluchthintergrund wertschätzend einbinden – Prozesse, Aufgaben und Tools sind oft international vergleichbar.

11.11 „Sprachkenntnisse sind nicht gleichbedeutend mit professionellen Kompetenzen – das habe ich bewiesen."

Dr. Iryna Dyakonova arbeitete an einer der renommiertesten Universitäten der Ukraine, der Sumy State University, als Professorin am Lehrstuhl für Internationale Wirtschaftsbeziehungen. Gesellschaftspolitisch setzte sie sich für die Gleichstellung von Frauen und deren Unterstützung in schwierigen Lebenssituationen, etwa häuslicher Gewalt, ein. Zudem war sie an Schulungen zur Finanzbildung für Jugendliche und junge Erwachsene beteiligt. Sie war Abgeordnete des Regionalrats von Sumy und engagierte sich in der lokalen Selbstverwaltung.

Frage: Wie sind Sie auf das Unternehmen, in dem Sie arbeiten, aufmerksam geworden und was hat Sie dazu motiviert, sich zu bewerben?

Iryna Dyakonova: Dank meiner beruflichen Erfahrung in der Berufsberatung und der Arbeit mit Student:innen und Schüler:innen zur Entwicklung von Bildungs- und Berufsstrategien verstand ich die allgemeinen Regeln der Arbeitssuche – und dass Integration erwartet wird. Deshalb war meine erste Arbeitserfahrung in Österreich im Rahmen eines Bildungs- und Arbeitsmarktprojekts, für das ich einige Monate lang gearbeitet habe. Mir hat geholfen, dass ich Erfahrung im Verfassen eines Lebenslaufs und eines Motivationsschreibens hatte und mich der Arbeitssuche sehr systematisch widmen konnte. Auch die Ratschläge eines Jobberaters, den ich damals um Hilfe gebeten hatte, waren nützlich.

Wertvoll war auch, dass ich durch diesen ersten Job, das Bildungsprojekt, einen Überblick über die Regeln des Arbeitsmarktes in Österreich, die institutionelle Infrastruktur, Funktionen und Aufgaben von Behörden und Organisationen bekommen habe. Daher fühlte ich mich nach diesem ersten befristeten Job für eine erneute Arbeitssuche besser gerüstet. Und schließlich habe ich auch wieder einen Job gefunden, als Logistikerin. Es ist ein Job, bei dem ich meine Fähigkeiten einsetzen kann, aber leider nicht mein ganzes berufliches Potenzial. Dennoch bin ich dankbar für die Erfahrung und die Praxis.

Frage: Was hat Ihnen in der ersten Zeit am neuen Arbeitsplatz geholfen? Gab es besonders hilfsbereite Kolleg:innen oder andere Ansprechpartner:innen, zum Beispiel aus der Personalabteilung?

Iryna Dyakonova: Als jemand mit langjähriger Berufserfahrung, die meist mit Menschen verbunden war, sind mir Qualitäten wie Pünktlichkeit, Verantwortung, Zeitmanagement sowie ein Auge für Zahlen und Dokumente wichtig. Ich kann mich wirklich als eine Person bezeichnen, die sich leicht an neue Bedingungen anpasst. Diese Fähigkeit hat mir auch zu Beginn meiner Integrationsreise in Österreich sehr geholfen.

Meine „Helfer" beim Einstieg in ein neues Team sind immer die Menschen. Ich versuche, Kontakte zu knüpfen, zu kommunizieren und Fragen zu stellen. Besonders hervorzuheben ist aus meiner Sicht die hohe Professionalität der Arbeit, Institutionen und Organisationen, wie ich sie in

Österreich kennengelernt habe. Wenn man eine Info aus der Personalabteilung oder von Führungskräften braucht, so sind diese stets korrekt und am Punkt.

Frage: Gab es anfangs auch Schwierigkeiten im neuen Job und falls ja, wie haben Sie diese überwunden?

Iryna Dyakonova: Das Erste, was wir mit meinen Kindern getan haben, als wir in Österreich ankamen und die Aufenthaltspapiere erhielten, war Deutsch zu lernen. Meine Kinder hatten bereits während ihrer Schulzeit in der Ukraine die Möglichkeit, Deutsch als zweite Fremdsprache nach Englisch zu lernen. Generell war es uns wichtig, sich mit der Frage der Integration auseinanderzusetzen und die hiesige Kultur zu verstehen. Tatsächlich ist das Erlernen der Landessprache die wichtigste Aufgabe. Dennoch, dass wir bereits gut Englisch konnten, hat uns anfangs geholfen, an Informationen zu gelangen und uns besser im neuen Land zu orientieren.

Was die beruflichen Teams betrifft, mit denen ich in Österreich zusammengearbeitet habe, kann ich nur Positives berichten – ein Gefühl der Unterstützung, Toleranz und des Respekts. Ich habe keine Probleme oder Unannehmlichkeiten in der Zusammenarbeit mit den österreichischen Kolleg:innen verspürt. Die Arbeitsprozesse und die Kommunikation in den Teams sind in Österreich und in der Ukraine sehr ähnlich. Mir ist aber aufgefallen, dass hierzulande viel stärker auf Teamarbeit gesetzt wird. Im Team hast du eine echte „Win-Win"-Situation – indem du einem Kollegen hilfst, effektiver zu arbeiten, sammelst du selbst Erfahrungen, die dich besser machen und zum gemeinsamen Erfolg beitragen. Das schätze ich sehr an der österreichischen Arbeitswelt.

Frage: Was ist Ihnen von Ihrer ersten Zeit in Österreich, besonders in der Berufswelt, in Erinnerung geblieben?

Iryna Dyakonova: Ich bin dankbar für die Erfahrungen, die ich während meiner Arbeit in Österreich sammeln konnte. Besonders erinnere ich mich an Situationen, in denen ich Dokumente erstellen oder eine Recherche machen musste. Nach Erledigung wurde meine Arbeit immer äußerst positiv bewertet, und es herrschte oft Erstaunen darüber, dass die Aufgaben auf einem so hohen Niveau erledigt wurden. Es scheint, dass es ein gewisses Vorurteil gibt – das Stereotyp, dass Migrant:innen keine Forschungsarbeiten durchführen oder Dokumente auf einem ausreichend hohen Niveau erstellen. Ich freue mich, dieses Stereotyp widerlegen zu können und in der Praxis zu zeigen, dass Sprachkenntnisse nicht gleichbedeutend mit professionellen Kompetenzen sind.

Natürlich lerne ich ständig weiter Deutsch und bemühe mich, meine Sprachkenntnisse zu verbessern. Es ist nicht nur eine Möglichkeit, mich im täglichen Gespräch sicherer zu fühlen, sondern auch ein Ausdruck des Respekts gegenüber der Gesellschaft, die uns in einer schwierigen Zeit so herzlich aufgenommen und unterstützt hat. Ebenso versuche ich, meinen Kindern ein gutes Beispiel zu geben. Sie haben bereits das C1-Niveau in Deutsch erreicht und studieren an einer Universität in Österreich.

Frage: Was möchten Sie Unternehmen mitgeben, die vielleicht überlegen, vertriebene Menschen aus der Ukraine einzustellen, sich bisher aber noch nicht getraut haben?

Iryna Dyakonova: Unternehmen, die möglicherweise in Erwägung ziehen, geflüchtete Menschen aus der Ukraine einzustellen, aber noch zögern, würde ich empfehlen, offener für den Dialog zu sein und zu versuchen, systematisch mit dem Arbeitsmarktservice (AMS), Rekrutierungsagenturen und anderen Arbeitsvermittlern zusammenzuarbeiten. Gerade was die Bewertung von im Ausland erworbenen Kompetenzen betrifft, kann das sehr hilfreich sein.

Wichtig ist auch, potenziellen Mitarbeitenden die Chance zu geben, ihre beruflichen Fähigkeiten während einer Probezeit unter Beweis zu stellen. Parallel zum Onboarding kann man eine Weiterbildung organisieren, die sich auf Sprachentwicklung und spezifische berufliche Anforderungen konzentriert, die für die jeweilige Position notwendig sind. Dies könnte in Zusammenarbeit mit Weiterbildungsorganisationen umgesetzt werden. Wesentlich finde ich in Zeiten des steigenden Arbeitskräftebedarfs auch, großzügiger in Bezug auf Altersgrenzen zu sein und die Vielfalt an Talenten zu berücksichtigen, die ältere Kandidaten einbringen.

Konkret für geflüchtete Menschen aus der Ukraine gilt: Sie haben eine ähnliche Mentalität wie die Österreicher:innen, viele bringen ein hohes Bildungs- und Berufslevel mit und teilen ähnliche religiöse und familiäre Überzeugungen. Diese Geflüchteten können langfristig zur Entwicklung und Stärkung des Arbeitsmarktes in Österreich beitragen.

Frage: Und was raten Sie abschließend anderen Geflüchteten, die vor ähnlichen Herausforderungen stehen?

Iryna Dyakonova: Für geflüchtete Ukrainer:innen, die in Österreich nach Arbeit suchen, wären meine Ratschläge einfach und direkt: Lernen Sie die Sprache! Wie schon Johann Wolfgang von Goethe sagte: „Je mehr Sprachen du sprichst, desto öfter bist du ein Mensch". Und man muss seine eigenen Stärken, Fähigkeiten und Fertigkeiten neu bewerten und weiterentwickeln. Man darf keine Angst haben, Risiken einzugehen, und muss offen für neue Chancen sein. Ganz zentral ist die eigene Motivation. Wie Coco Chanel sagte: „Alles liegt in unseren Händen, also können wir sie nicht sinken lassen."

Zentrale Erkenntnisse aus dem Interview mit Iryna Dyakonova, Logistikerin

- **Keine Deutschkenntnisse bedeuten nicht fehlende Kompetenz**: Berufliche Qualifikationen, Kompetenzen und Fachwissen von Geflüchteten sind oft auf hohem Niveau vorhanden – Unternehmen sollten sich nicht von (anfänglich) mangelnden Deutschkenntnissen abschrecken lassen. Englischkenntnisse und die Fähigkeit zur schnellen Orientierung im neuen Umfeld sind wertvolle Ressourcen.
- **Würdigung der beruflichen Vorerfahrungen**: Viele Geflüchtete bringen breite und internationale Qualifikationen mit. Besonders ukrainische Flüchtlinge verfügen über einen Hochschul- oder vergleichbaren Abschluss. Insofern keine gesetzliche Anerkennung bzw. Nostrifikation notwendig ist, sollten Unternehmen diese Abschlüsse wertschätzen und nicht auf österreichische bzw. mitteleuropäische Alternativen bestehen.
- **Förderung von Sprache und Integration**: Unternehmen können aktiv mit Weiterbildungsorganisationen kooperieren, um Sprachkurse und berufsspezifische Qualifizierungen während der Probezeit anzubieten. So wird die Integration beschleunigt und nachhaltiger Erfolg geschaffen.
- **Zusammenarbeit mit institutionellen Partnern**: Engere Vernetzung mit dem Arbeitsmarktservice, Rekrutierungsagenturen und Vermittlungsstellen wird empfohlen, besonders bei der Einordnung ausländischer Abschlüsse und für eine realistische Einschätzung der Qualifikationen.
- **Chancen für ältere Geflüchtete**: Insbesondere aufgrund des Arbeitskräftemangels lohnt es sich, flexibel und großzügig bei Altersgrenzen zu sein. Auch ältere Arbeitskräfte bringen wertvolle Kompetenzen und Talente ins Team ein.

MIX
Papier aus verantwortungsvollen Quellen
Paper from responsible sources
FSC® C105338

If you have any concerns about our products,
you can contact us on
ProductSafety@springernature.com

In case Publisher is established outside the EU,
the EU authorized representative is:
Springer Nature Customer Service Center GmbH
Europaplatz 3, 69115 Heidelberg, Germany

Printed by Libri Plureos GmbH
in Hamburg, Germany